Les Cahiers de la Villa Gillet

W0472383

Publié avec le concours du Centre National du Livre

Photo de couverture : David Anemian
Dépôt légal :V-97
Imprimerie Darantiere (Dijon-Quetigny)

© 1997, by les éditions Circé et Villa Gillet

Sommaire

« LIEUX OU ESPACES DE LA MÉMOIRE ? »

Les Cahiers de la Villa Gillet

revue semestrielle éditée
par la Villa Gillet et les éditions Circé

Directeur de la publication : Michel Cusin
Rédacteur en chef : Guy Walter
Secrétaire de rédaction : Dorothée Burillon
Rédaction : Villa Gillet, 25 rue Chazière, 69004 Lyon

ISBN : 2-84242-037-3 • ISSN : 1254-8073

L'Unité de Recherches Contemporaines de la Villa Gillet est un centre d'analyse et de diffusion de la pensée et des arts contemporains créé et subventionné par la Région Rhône-Alpes.

Elle a pour vocation d'ouvrir des perspectives transdisciplinaires sur les cultures contemporaines : littérature, philosophie, sciences humaines, arts visuels, arts vivants, musique contemporaine...
Pour cela, toutes sortes de manifestations publiques sont organisées : séminaires, conférences, colloques, expositions, spectacles, lectures, rencontres-débats...

Le colloque «Lieux ou espace de la mémoire ?» organisé par la Villa Gillet sous la direction scientifique de Jean-Philippe Antoine, s'est déroulé les 11 et 12 avril 1996 à la Villa Gillet et a bénéficié du soutien financier de l'Institut Universitaire de France.
Il a rassemblé : Mary Carruthers, Jean-Philippe Antoine, Christian Jacob, Israël Rosenfield, Pierre Fédida.

Les articles paraissant dans cette revue sont des *inédits*. Ils reprennent les communications aux séminaires et colloques organisés par la Villa Gillet.

« *Lieux ou espaces de la mémoire?* »

L'AMBITION DES TEXTES qui suivent, issus d'un colloque tenu en avril 1996 à la Villa Gillet, est de proposer une réflexion sur les notions, omniprésentes aujourd'hui dans les sciences humaines, de lieu et d'espace, dans leur association à la notion non moins répandue de mémoire.

Il s'agit d'abord, dans une visée archéologique, de redonner à ces notions l'épaisseur historique qui est la leur, en faisant réintervenir les traditions antiques et médiévales d'*art de la mémoire* qui sont à leur origine et qui en sont souvent l'impensé. Il s'agit aussi, et d'un même mouvement, de réexaminer les concepts ainsi récupérés à partir des outils qui sont les nôtres.

Les traditions de l'art de la mémoire, et les objets de pensée qu'elles ont contribué à former, découvrent en effet une opérativité du local dans la construction du souvenir, en même temps qu'une tension – jamais résolue – entre les catégories du *lieu* et l'épreuve de la spatialité. Du lieu comme pure place rhétorique à l'espace pensé comme don de présence insensé, un éventail de constructions possibles se déploie, dont les essais qui suivent explorent plusieurs instances.

Mary Carruthers redonne sa place fondamentale à l'analogie architecturale dans la pensée médiévale des processus de réminiscence et d'invention. La mémoire y passe par une construction de lieu. Jean-Philippe Antoine interroge la constitution de la peinture comme scène du souvenir à la fin du Moyen-âge et au début de la Renaissance en Italie, et le type neuf de lieu pictural qui en résulte. Christian Jacob compare deux types de construction du lieu et de l'espace dans la cartographie, le premier textuel et antique, le second moderne et visuel. Ils offrent deux exemples des relations entre texte et image qui commandent la construction de la mémoire et du savoir des espaces.

Le caractère opératoire du local, tout comme la tension entre local et spatial, informent l'une des grandes et plus influentes tentatives modernes de penser le psychisme : l'œuvre de Freud, où la question du souvenir et de la mémoire constitue le fil rouge, souvent implicite, de nombreuses pensées. Pierre Fédida s'attache à ce fil conducteur, ou interrogateur, pour décrire les relations de tension entre écriture, lieu et parole qui construisent le site de l'analyse. Enfin comme le montre l'essai d'Israel Rosenfield, la notion du lieu comme invention dynamique est elle aussi présente dans les tentatives actuelles de modélisation du fonctionnement de la mémoire proposés par la neurobiologie. Au même titre que l'analyse freudienne, bien que sous une forme très différente, ces tentatives entrent en résonance avec les problématiques d'invention locale mises en œuvre par les pratiques mémoriales anciennes.

De la friction entre ces diverses *figures* du souvenir naît un terrain *pratique* de discussion, susceptible de concourir à mieux faire comprendre la fortune actuelle des notions de lieu, d'espace et de mémoire, autrement que comme de fascinants effets de mode.

MARY CARRUTHERS

« *Locus Tabernaculi* » : *Mémoire et lieu dans la méditation monastique*

À LA FIN DU ONZIEME SIECLE et pendant le douzième siècle, les *picturae* encyclopédiques devinrent, dans le monde occidental, un mode d'expression artistique très important dans les arts du regard et du verbe. La contribution de Hugues de Saint-Victor aux manifestations littéraires de ce genre est connue aujourd'hui sous le nom de « *De Archa Noe mystica* », mais on l'intitulait aussi « *pictura Archae* ». On y trouve l'élaboration de la description biblique de l'Arche de Noé en tant que « dessin » schématique destiné à organiser une encyclopédie du savoir clérical. Le chanoine prémontré Adam de Dryburgh, presque contemporain de Hugues de Saint-Victor, donna, lui aussi, le nom de « *pictura* » à sa contribution, en la distinguant de l'interprétation littérale des textes bibliques, même ceux qui, comme Exode 25 –27 et Ézéchiel 40 –43, donnent eux aussi des descriptions détaillées de plans de bâtiments.

Le mot *pictura* (image) ne s'applique aujourd'hui qu'au domaine visuel, alors que, dans l'Antiquité et au début du Moyen Âge, il s'utilisait pour un trope appartenant à l'exorde ou début d'une œuvre, dans lequel la description verbale d'une personne ou d'une chose, d'un bâtiment ou d'un paysage servait de technique liminaire, une sorte de résumé qui orientait l'auditoire vers les thèmes et les sujets de l'œuvre qui allait suivre, tout autant que de moyen mnémonique. On en trouve un exemple dans l'Antiquité tardive, un des plus connus du Moyen Âge, il s'agit de la description du vêtement de Dame Philosophie qui introduit les thèmes du *Consolatio Philosophiae.* Ce trope n'avait pas de nom spécifique dans l'ancienne rhétorique ; *descriptio* est un terme trop général et *ekphrasis* trop restrictif, quoique l'image verbale liminaire eût souvent pris la forme de l'ekphrasis. Dès le début du douzième siècle, voire plus tôt, on appela souvent ce trope d'exorde *pictura*; par exemple, la longue description de Dame Nature (développée à partir du modèle de Boèce) au début du *De Planctu Naturae* de Alain de Lille est identifiée par lui comme une *pictura* [1].

La composition et l'utilisation de ces structures introductives, enracinées dans la pratique monastique de la *sacra pagina,* se matérialisèrent durablement au cours du douzième siècle dans un nombre considérable de grandes œuvres qu'il est encore possible de voir et de lire aujourd'hui. Plusieurs d'entre elles, telles que les ensembles de sculptures encyclopédiques de la façade ouest (l'*entrée* principale) de Saint-Denis ou de Chartres, ont la fonction introductive de ce trope *pictura*-exorde et servent, pour ainsi dire, de « table des matières » pour le sanctuaire. Dans certains ensembles, où les porches contiennent aussi des chapiteaux historiés, comme à Vézelay, Paray-le-Monial ou à Saint-Benoît-sur-Loire, toute l'« antéglise » devient une *pictura* rhétorique liminaire très élaborée.

Afin de bien comprendre le rôle cognitif de la *pictura* pour le spectateur, il est très important de rappeler la distinction fondamentale de la mnémotechnie entre *memoria verborum* (répétition identique) et *memoria rerum* (se souvenir des « idées » et des points essentiels) ; on dit aussi d'un souvenir qu'il est *verbatim* ou *summatim.* Les images qui forment des *picturae,* quelle que soit leur position dans une œuvre, sont censées fonctionner *summatim*; dans le langage de la rhétorique, elles présentent *breviter* différents matériaux qui agissent alors comme des signaux mnémoniques auxquels « accrocher » d'autres associations de la *copia* dans la mémoire du spectateur. Ce qui est important donc n'est pas tant leur *similitudo,* leur contenu mimétique, mais que la manière dont elles « signalent » au spectateur et au lecteur ce qui va suivre. Leur utilité réside dans ce dernier usage [2].

Dans cette communication, je vais tout d'abord m'intéresser aux bâtiments de l'imagination en tant que machines productrices de fictions encyclopédiques : églises, constructions monastiques de toutes sortes, châteaux, tours (ou citadelles), amphithéâtres. D'autres formes, de dimensions plus réduites, étaient tout aussi utiles et fréquemment pratiquées : arbres, échelles, cloîtres ou jardins clos, roues. Bien que ces formes ne soient pas toutes des bâtiments, elles sont toutes *construites par un artisan humain*, qu'il s'agisse d'un forgeron, d'un charpentier, d'un jardinier, d'un architecte. Je soutiendrai que le trope de l'architecte est fondamental au Moyen Âge dans tous les types de composition, y compris dans la composition du caractère de chacun, que ce trope invoque spécifiquement la mnémotechnie, qu'il a été nourri principalement dans la culture monastique et que, lorsque l'art ancien de la mémoire tel qu'il avait été décrit par Cicéron réapparut au milieu du treizième siècle, ce fut dans le contexte de pratiques monastiques qui existaient déjà depuis longtemps. Les bâtiments sur lesquels je vais me pencher sont des constructions mentales et fictives – mais ils peuvent facilement se métamorphoser dans la réalité en bâtiments et en bas-reliefs, en images et en textes littéraires, et vice versa[3].

Notre civilisation a conservé le plan d'un monastère, dessiné sur parchemin, dont le but était d'aider à la méditation. Il s'agit du « Plan de Saint-Gall » du début du neuvième siècle, un extraordinaire assemblage de bâtiments dont les dimensions sont fondées sur des nombres ayant une signification exégétique et une fonction mnémonique, tels que 7, 4 et 10. Ce plan n'avait pas été dessiné pour représenter des bâtiments réels (bien que certains détails soient l'écho de bâtiments existants et qu'il ait été réalisé sous forme de maquette au vingtième siècle)[4]. Son *intentio auctoris* (pour utiliser la terminologie des études littéraires médiévales) est expliquée dans la lettre de dédicace que son auteur, l'abbé Heito, du couvent de Reichenau, écrivit à l'abbé Gozbert de Saint-Gall :

> Je vous ai envoyé, Gozbert, mon fils le plus cher, ces petits dessins du tracé d'un monastère sur lesquels j'aimerais vous voir appliquer votre ingéniosité. [...] Mais ne croyez pas que j'ai fait cela parce que nous croyons que vous avez besoin de nos instructions; croyez plutôt que le dessin a été tracé dans l'amour de Dieu pour que vos yeux puissent l'examiner[5].

Selon le commentaire de Wolfgang Braunfels, « le Plan sert à susciter la méditation sur la signification et la valeur de la vie monastique[6] ». C'est l'exemple le plus ancien que nous possédons d'une *pictura* architecturale, de ce trope mnémotechnique qu'on trouve fréquemment, souvent sous une forme très élaborée, dans la littérature de la fin du Moyen Âge, mais dont les racines sont évidemment perceptibles dans la littérature de l'Église médiévale primitive.

Le « Plan de Saint-Gall » est fondamentalement une machine à méditer, à la fois par lui-même et en tant que plan d'un groupe de structures qui sont *aussi* des « machines » à méditer, particulièrement les parties du monastère réservées aux moines. (La figure 1 a été redessinée à partir du manuscrit et on n'y trouve que l'abbatiale et les bâtiments du cloître.) Un grand nombre d'éléments qui transformaient cette architecture et ces livres manuscrits en machines à méditer efficaces furent développés et adaptés, après le onzième siècle, à un bien plus large public séculier, mais à l'époque du « Plan de Saint-Gall » le clergé régulier était l'unique destinataire de ces machines.

La pratique monastique qui consistait à utiliser ainsi des plans architecturaux était issue de l'exégèse faite à partir de divers bâtiments de l'Ancien Testament. Dans le cas du « Plan de Saint-Gall », certains éléments paraissent avoir été modelés d'après des détails du temple visionnaire d'Ézéchiel, thème d'une série de dix sermons exégétiques de Grégoire le Grand qui faisaient partie des *colloquia* monastiques, les lectures faites pendant le Chapitre et au moment des repas. Ce passage d'Ézéchiel fut aussi adopté au douzième siècle par Hugues de Saint-Victor comme un des textes fondamentaux de la *sacra pagina* de son programme d'études.

Il me semble que c'est pour rappeler le temple qui figure dans Ézéchiel que, dans le « Plan de Saint-Gall », l'abbatiale du monastère porte le nom de *Templum* et que son entrée, qui est aussi l'entrée du monastère tout entier, est décrite de la façon suivante : « Ceci est la voie [*via*] du saint Temple pour les multitudes, au moyen de laquelle elles mènent leurs prières et s'en reviennent dans la joie [7]. »

Le fait que le monastère soit désigné comme une « voie » fait penser à la définition que Jean Cassien donna de la prière monastique : elle est une « route » ou une « voie », une métaphore maîtresse des notions anciennes de *studium* et de *disciplina*. Imaginer l'enceinte du temple comme une « voie » rappelle l'utilisation des mandalas dans la méditation bouddhiste ; le mandala est un mécanisme introductif, et les relations qui lient ses éléments entre eux guident les mouvements mentaux des fidèles [8]. Je ne souhaite pas laisser entendre qu'il existe un lien direct entre les mandalas orientaux et les « images » européennes qui servaient d'aide à la prière comme le « Plan de Saint-Gall », ils ont toutefois une similitude cognitive, une utilisation similaire. Les mandalas sont, eux aussi, des tropes destinés à l'invention, utilisés comme « voie » pour la prière. Les images des mandalas sont, selon certaines conventions, des complexes architecturaux construits autour d'un carré central. (La figure 2 en est un exemple, une peinture tibétaine sur tissu de la fin du quinzième siècle.) D'ailleurs, dans la pratique monastique occidentale, ce qui se rapproche le plus de la pratique du mandala est l'utilisation de l'enceinte de l'abbatiale elle-même.

Certains indices, fragiles mais passionnants, laissent penser que certaines versions d'une *pictura* Tabernacle-Temple ont pu être composées et utilisées pour des programmes de méditation semblables à des mandalas, aux débuts du Christianisme ainsi que dans le mysticisme juif. L'enchaînement de ces indices (qui comprend beaucoup de lacunes) commence avec Ézéchiel. Prendre les dimensions du Tabernacle dans l'Exode devint, dans Ézéchiel, une activité particulièrement pénitentielle : « mesurer la forme » de la cité sainte et le rituel de la pénitence d'Israël et de sa réconciliation avec Dieu.

> Mais vous, fils de l'homme, montrez le temple à la maison d'Israël, afin qu'ils reçoivent la confusion de leurs iniquités, qu'ils mesurent eux-mêmes toute sa structure. Et qu'ils rougissent de toutes les choses qu'ils ont faites. Montrez leur la figure de la maison, ses sorties et ses entrées, [...] afin qu'ils gardent exactement tout ce que vous leur aurez décrit [...]. (Ézéchiel 43 :10 –11) [9]

Dans Ézéchiel, mesurer le Temple est un acte de contrition et de retour. Dans l'Exode, le texte magistral, les dimensions sont données par Dieu à Moïse sur la montagne : c'est l'acte central de l'alliance et de la réconciliation, avant la réconciliation complète effectuée par le Christ. Ces deux textes de l'Ancien Testament étaient des lieux communs fondamentaux du monachisme médiéval. S'ils font autorité pour les chrétiens, c'est en fin de compte à cause de deux passages dans Saint Paul, I Corinthiens 3 :10 –17 (qui demande à chacun d'être comme le bon architecte qui construit le Temple) et Hébreux 8 :1 –5, texte qui proclame que le Christ est le véritable prêtre de ce Tabernacle, dont le Tabernacle terrestre, construit par Moïse selon les dimensions que Dieu lui avait indiquées, n'était que l'ombre et la forme. Il faut aussi remarquer que dans les textes d'Ézéchiel et de l'Exode, ainsi que dans la vision de la Jérusalem céleste dans saint Jean, mesurer le plan des structures constitue la technique principale des visionnaires pour recevoir, se rappeler et retransmettre ce qu'ils ont vu. Les « mesures » sont un acte de contrition qui devient une mnémotechnie.

Le plan du Temple était à l'évidence un trope fréquent dans la littérature visionnaire : Ézéchiel en est un des premiers exemples, mais le livre apocalyptique 1

Hénoch (premier siècle avant Jésus Christ) exploite une vision du Temple, dans laquelle on trouve une description du plan et de l'édifice, pour structurer la dernière section de la prophétie [10]. C'était aussi un trope d'enseignement. Henri de Lubac a écrit l'histoire de ce trope dans l'exégèse des débuts du Christianisme : le collègue de saint Augustin, saint Quodvultdeus, montre clairement que ces schémas fondamentaux de l'invention, ces *picturae* architecturales, étaient déjà communément utilisés dans la littérature du quatrième siècle. « Si vous avez une dilection [*affectus*] pour les bâtiments, vous pouvez utiliser la construction du monde [Genèse 1], les dimensions de l'Arche [Genèse 6], l'enceinte du Tabernacle [Exode 25 –27], l'érection du temple de Salomon [I Rois 6], représentations matérielles de l'Église elle-même [11]. »

On sait aussi qu'une image décrivant le Tabernacle (ou Temple) selon un dessin schématique circulait indépendamment des textes, certainement à la fin de l'Antiquité, et qu'elle fonctionnait peut-être, à la manière d'un mandala, comme une carte [12]. L'historien d'art Cecil Roth a expliqué que « dans les Bibles juives enluminées [...] la convention était sans doute d'inclure une double page [...] représentant les Vases du Sanctuaire, comme seule illustration [...]. Ils sont invariablement situés avant le texte biblique lui-même [13]. » Des codices enluminés de la Bible hébraïque existaient aux premiers siècles de notre ère.

Comme l'explique Roth, les vases du sanctuaire sont présentés à l'intérieur d'un rendu du sanctuaire, qu'il s'agisse du Temple, ou – plus fréquemment – du Tabernacle (où l'on retrouve les cordons des rideaux que décrit l'Exode). Cette représentation de base, du Tabernacle et des vases, appartient à une tradition picturale ancienne : Roth conclut que « les Juifs, tout comme les Samaritains, connaissaient des enluminures bibliques de ce type sans doute avant ou tout au début » de notre ère [14].

La plus connue des « images » de ce type représentant un tabernacle est celle qui a été peinte pour le *Codex Amiatinus* au début du huitième siècle (vers 715) (figure 3). Cette énorme Bible de Jarrow (monastère de Bède le Vénérable), est l'œuvre de scribes anglo-saxons, qui semblent avoir pris pour modèle (bien que le degré de fidélité au modèle soit un sujet de controverse) un manuscrit italien rédigé au monastère de Cassiodore, à Vivarium, et connu sous le nom de *Codex Grandior* [15].

Les influences et les associations stylistiques de l'image du Tabernacle-Temple constituent un chapitre fascinant des croisements entre la culture levantine des troisième et quatrième siècles, et (lorsqu'elle devient une source pour l'image du *Codex Amiatinus*) la diaspora des moines chrétiens de langue grecque et des érudits juifs – particulièrement ceux de Syrie – à travers l'Europe occidentale mérovingienne, diaspora causée par les conquêtes arabes du septième siècle. Mais ce qui m'intéresse ici est l'utilisation de la représentation du Tabernacle en tant que *pictura* mnémotechnique, aide à la méditation, du type que j'ai défini.

Roth souligne que la représentation du Tabernacle était communément utilisée non pas comme une illustration accompagnant l'Exode (là où la tradition moderne aimerait la situer), mais qu'elle précédait le texte de la Bible elle-même. C'est là également qu'elle se situe dans le *Codex Amiatinus* [16]. Elle introduit donc le texte, dans la position traditionnelle d'une *pictura* destinée à l'invention et à la méditation. D'ailleurs le plan du bâtiment qu'on trouve dans le *Codex Amiatinus* n'est pas une « illustration » littérale du texte [17]. Il importe peu que certains détails soient fidèles aux dimensions du texte de l'Exode et d'autres pas, « mesurer la forme » du Tabernacle-Temple était en lui-même un acte visionnaire, pénitentiel, qui produisait l'ethos, c'est-à-dire l'attitude émotionnelle et intellectuelle requise, le prélude à une lecture dévote. Cet acte sert donc à orienter le spectateur vers la tâche qui l'attend [18].

Cassiodore indiqua brièvement la source de son « image » du Tabernacle et du Temple (il s'agit d'une seule illustration) dans son *Codex Grandior*. Il y fait référence de manière détournée parce qu'en fait il explique que la source de son interprétation des Proverbes est Didyme, le commentateur grec aveugle. Il avait du mal à croire, déclara Cassiodore, qu'un aveugle, incapable donc de lire, puisse voir aussi clairement avec le regard de son cœur (« *perspicuo corde conspexit* ») ; il ne parvint à y croire qu'après l'arrivée à Vivarium d'Eusèbe, un Grec d'Asie (peut-être de Syrie) ; ce dernier, bien qu'aveugle depuis l'enfance, avait pourtant,

> dissimulé dans la bibliothèque de sa mémoire tant d'auteurs, tant de livres, qu'il pouvait très facilement dire à ceux qui étaient en train de lire dans quelle partie d'un codex ils pourraient trouver ce dont il avait parlé plus tôt. [...] Il nous rappela comment la forme du Tabernacle et du Temple du Seigneur était inspirée de celle du ciel; et c'est ainsi que, peinte avec art dans ses propres linéaments, je l'ai adaptée correctement à mon *Codex Grandior* [19].

Il est évident, d'après cette citation de Cassiodore, qu'il associait l'immense mémoire d'Eusèbe à sa connaissance de la « forme » ou du plan du Tabernacle-Temple, et qu'il l'intégra à son *Codex Grandior* pour servir d'aide à la lecture et à la méditation.

Nous sommes tellement habitués aujourd'hui à une notion statique du diagramme que simplement imaginer qu'une « image » puisse demander un mouvement de la part du spectateur nous est difficile [20]. Pourtant, dans les traditions exégétiques, le « lieu du Tabernacle » (selon l'expression de saint Augustin) n'était pas statique. L'analyse des diverses perspectives utilisées pour sa représentation le montre bien ; on sait par ailleurs que le mouvement qui fait traverser le « lieu du Tabernacle » appartient aussi aux traditions littéraires.

Dans ses commentaires sur le Psaume 41, qui furent initialement un sermon prononcé devant une congrégation, saint Augustin donne une image littéraire du Tabernacle. Ce psaume « traite de » la contemplation (tel est son thème ou sa *res*) ; il commence par « Comme le cerf soupire après les eaux, de même mon cœur soupire vers vous, ô mon Dieu [21]. » Le verset 5, dans la version latine de la Bible précédant la Vulgate, mentionne le tabernacle : « Je me suis souvenu de ces choses, et j'ai répandu mon âme au dedans de moi-même, parce que je passerai dans le lieu du tabernacle admirable jusqu'à la maison de Dieu. Au milieu des chants d'allégresse et de louange et des cris de joie de ceux qui sont dans un grand festin [22]. » Voici comment saint Augustin commente ce psaume :

> En effet, quand j'ai répandu mon âme au-dessus de moi, afin d'atteindre mon Dieu, pourquoi l'ai-je fait ? « Parce que j'entrerai [*ingrediar*] dans le lieu du tabernacle. » En effet, hors du lieu du tabernacle, je ne pourrais que m'égarer [*errabo*] en cherchant mon Dieu. « Parce que j'entrerai dans le lieu du tabernacle merveilleux, jusqu'à la maison de Dieu. » [...] Dès à présent, en effet, j'admire beaucoup de choses dans le tabernacle. [...] Et pourtant je traverse à pied le lieu du tabernacle. [...] Tandis qu'il [le Psalmiste] admirait les membres du tabernacle, il a été conduit [*perductus*] à la maison de Dieu, en suivant l'attrait d'une certaine douceur, de je ne sais quelle volupté secrète ; comme si de la maison de Dieu s'échappaient les sons délicieux d'un instrument ravissant [*organum*] ; il [et nous, lecteurs] marchait dans le tabernacle, lorsque, entendant cette mélodie intérieure, entraîné [*ductus*] par le plaisir, il s'est mis à suivre ce qu'il entendait, en se retirant de tous les bruits du sang et de la chair, et il est arrivé jusqu'à la maison de Dieu. Car ainsi il se rappelle sa voie et le *ductus*, comme si nous lui avions dit : Vous admirez le tabernacle qui est sur cette terre, comment êtes-vous parvenu jusqu'au lieu secret de la maison de

Dieu ? « Au milieu, dit-il, des chants d'allégresse et de louange et des cris de joie de ceux qui sont dans un grand festin [23]. »

Saint Augustin, en utilisant l'expression *locus Tabernaculi*, désigne un lieu mnémotechnique, un « arrière-plan ». Monter vers le lieu du Tabernacle devient ainsi, dans la méditation que mène saint Augustin sur cette expression, un parcours mnémotechnique autour de la structure, afin de voir les diverses « choses » qui y sont rassemblées, positionnées comme des groupes d'acteurs sur des scènes ou des *imagines agentes* dans les *loci*. Dans le Tabernacle, dit saint Augustin, « on trouve [*invenitur*] la voie [*via*] qui permet d'atteindre la maison de Dieu ».

Pour un être humain vivant, ici [*hic*], dans le monde, en quête de Dieu dans le contexte d'une église-pélerinage, la « voie » part de l'extérieur, s'avance dans l'erreur, traverse le « lieu du Tabernacle », jusqu'à l'ascension vers « la maison de Dieu ». Il y a donc trois lieux dans la structure de saint Augustin, trois *loci* mnémoniques : l'extérieur, le Tabernacle et la *domus Dei*.

Après nous avoir fait pénétrer dans le lieu du Tabernacle, saint Augustin nous invite à regarder autour de nous et à le parcourir avec lui : les verbes qu'il utilise ici de façon répétitive sont diverses formes de *ambulo, admiror,* et *specio* (je marche, je regarde, je contemple, je traverse). Augustin passe alors sans explication de la première à la troisième personne et sa propre vision se mêle à celle du Psalmiste tandis qu'il « traverse à pied le lieu du tabernacle ». Et, dans le Tabernacle, le Psalmiste / Augustin « voit » des figures groupées d' « hommes justes », « montrant » (il s'agit ici du verbe *ostendere*) leurs divers attributs, les diverses vertus disposées dans les *loci* du bâtiment. Alors, ayant terminé d'inspecter le lieu dans son entier, il traverse (*transibo*) ce lieu pour aller dans le lieu suivant, et monte jusqu'à la *domus Dei*.

Saint Augustin souligne bien que ce n'est qu'en parcourant et en regardant les « parties » ou « membres » du Tabernacle que l'âme peut parvenir («être menée ») à la maison de Dieu. Le trope fondamental est celui d'un mouvement canalisé par une construction, opposé à une errance sans but et sans forme au dehors. Ce besoin d'un mouvement ordonné à travers « des lieux » se retrouve dans l'utilisation que fait saint Augustin du mot *ductus*, lequel (bien qu'il ait de nombreux sens) dénote un mouvement méthodique et dirigé – tel que le mouvement expérimenté des membres humains (les paléographes connaissent bien le *ductus* des scribes, cette combinaison précise de mouvements de mains qu'ils devaient acquérir pour dessiner les lettres). Tandis que l'âme déambule dans le Tabernacle, suivant un parcours intériorisé dans un mouvement dicté par la joie, l'œil mental module dans l'oreille de l'âme, qui entend une sorte de («quasi ») *organum* ou instrument musical, et la marche devient plutôt une sorte de danse, un mouvement chorégraphié (c'est ainsi que je peux comprendre *ductus* dans ce contexte). Tandis que l'âme danse-marche à travers le Tabernacle, le bruit (*strepitus*) fait place à une harmonie, tout comme « errer » est devenu « marcher dans un but », puis « danser ».

Le Tabernacle, le bâtiment mental construit par saint Augustin à partir du texte du Psaume, par l'œil, l'oreille et les membres de sa *memoria*, indique le chemin et le *ductus* qui mènent à la maison de Dieu, tout comme l'*aquæ ductus* des Romains, un type de construction, conduisait l'eau (informe). Ce mot, *ductus*, a une grande importance dans la rhétorique classique tardive, on l'oublie cependant souvent.

Ductus fut défini pour la première fois comme terme technique dans le manuel de rhétorique de Consultus Fortunatianus, un contemporain de saint Augustin quoiqu'un peu plus jeune, dont l'œuvre est un reflet de la pédagogie de la rhétorique connue et enseignée par saint Augustin [24]. Le *ductus* est ce que nous appelons parfois aujourd'hui le « flux » d'une composition. On sait que l'analyse rhétorique de la composition comprend l'*inventio*, la *dispositio* et le « style » ou *venustas*, le « vêtement ». Le *ductus* est un aspect de la *dispositio*, mais il est aussi le mouvement entre et à travers les diverses parties d'une œuvre. Pour le *ductus* le mouvement est important, la con*duite* du moi pensant qui avance sur la *voie* de la méditation [25].

Quoique le mot n'eût pas été défini en tant que terme de manuel avant Fortunatianus, le concept était certainement connu des rhétoriciens qui l'avaient précédé. Le *ductus* comprend les différentes voies par lesquelles une composition peut guider une personne pour atteindre ses divers objectifs. Marcien Capella (contemporain de Fortunatianus) dit que le *ductus* est le *tenor* ou mouvement continu, d'une œuvre qui coule, comme l'eau dans un aqueduc, à travers tous les types de constructions qu'elle rencontre en chemin [26].

Le mouvement entre les différentes parties d'une composition n'est pas uniforme ; il peut et doit varier. Fortunatianus insiste beaucoup sur cet aspect, bien que cette capacité de variation apparaisse dans l'usage que firent de ce mots les rhétoriciens plus anciens. Selon Fortunatianus, il existe cinq types de *ductus* : simple, subtil, figuratif, oblique et mélangé [27]. Ils se distinguent par la manière plus ou moins directe ou aisée dont une voie est tracée pour les auditeurs – selon qu'il est utile de les laisser avancer tranquillement et aisément, ou préférable de les mettre un peu à contribution, de leur faire regarder sous et dans les mots au cas où un autre rituel y aurait été introduit. Le *ductus*, dit Fortunatianus, est né de la délibération et du choix, ce que dit aussi Marcien Capella [28]. Ce sont les figures, les modes et les couleurs de la voie qui signalent les variations de parcours du *ductus* pris dans son ensemble. Fortunatianus réserve le terme *modus* pour le mouvement des différentes parties de la composition (*color* est un autre terme qui désigne ce mouvement), et *ductus* pour celui de l'ensemble.

Et, quand saint Augustin utilise le *ductus* dans sa méditation sur le *locus Tabernaculi*, il est évident qu'il le considère comme mouvement à l'intérieur de la composition, qu'il est donc contenu et déterminé par sa structure, mais qu'il est aussi un mouvement choisi par le spectateur. Saint Augustin choisit donc son allure, les endroits qu'il regardera d'abord et l'ordre dans lequel il les regardera (à l'intérieur des contraintes de la structure toute entière) et le *ductus* de la construction devient finalement la « voie » qu'il suit, comme une musique intérieure qui le pousse en avant. Il semble donc que, pour saint Augustin, s'il existe des choix ou des « approches » du *ductus* de composition, ceux-ci sont limités ; l'œuvre elle-même possède un *ductus* qui, alors même qu'il exprime ces choix (nous l'espérons), permet aussi aux auditeurs de choisir un *ductus* à l'intérieur des possibilités offertes par l'œuvre. Et s'ils ne le font pas, ils resteront tout simplement, pour ainsi dire, « en dehors du lieu du Tabernacle ». Chaque composition demande à être vécue comme un voyage emprunt des choix et de la mémoire du voyageur.

J'aimerais maintenant appliquer brièvement aux bâtiments monastiques eux-mêmes ces observations sur les schémas mnémoniques et l'invention cognitive. Dès le début de sa réforme, Bernard de Clairvaux insista pour que les filiales de son monastère fussent construites selon le même plan, autant que cela était matériellement possible [29]. Bien que ce désir ait parfois été interprété comme une tentative pour imposer une uniformité aux cisterciens, ou même comme la première manifestation d'une réforme centralisatrice et autoritaire de l'Église occidentale de cette époque, je pense que ce désir peut être interprété autrement. Bernard, comme n'importe quel fondateur d'un ordre monastique, tenait avant tout à fournir à ses frères-moines un support adéquat pour leurs vies contemplatives. J'utilise ici le mot « support » dans son sens technique, tout comme la pierre, le papier, le bois, le parchemin sont appelés « supports » lorsque l'on écrit ou que l'on peint dessus. L'architecture fournit un « support » sur lequel un travail de mémoire destiné à la composition peut s'articuler, pour la communauté dans son travail de liturgie et pour l'individu dans son travail de lecture.

Un de mes amis m'a rapporté une conversation qu'il avait eue il y a longtemps avec un vieux moine cistercien qui avait vécu toute sa vie dans le monastère de Heiligenkreutz, en Autriche. Ce trappiste n'avait fait en tout et pour tout qu'un seul voyage, on l'avait envoyé mener des recherches dans un monastère cistercien au Portugal ; il avait été très angoissé avant son départ car il craignait que la nouveauté du lieu ne dérange sa paix spirituelle et ses capacités à participer pleinement aux offices de sa congrégation – particulièrement l'office de la nuit. Il s'inquiétait d'avoir à s'inquiéter de devoir trouver son chemin.

Mais, avait-il expliqué, il avait été soulagé de n'avoir aucun problème d'orientation grâce à la conformité presque totale de la maison portugaise avec le monastère qu'il connaissait si bien, en Autriche. La disposition des bâtiments était la même, de même que l'orientation de la chapelle, l'emplacement du cloître, celui du dortoir, de la bibliothèque et du réfectoire. Et ce qui l'avait particulièrement aidé était le fait que les détails étaient les mêmes, comme par exemple, le nombre des marches du chœur et le nombre des travées de la nef. Il était convaincu que cette similitude lui avait permis de continuer à prier et à méditer sans interruption et de mener sa vie spirituelle dans ce nouvel endroit aussi pleinement qu'il en avait l'habitude chez lui. Étant donné que ses « lieux » mnémoniques n'avaient pas été modifiés par son voyage d'Autriche au Portugal, le moine avait pu continuer à « savoir où il était » sans interruption ni désorientation. Et il faut remarquer que pour lui les similitudes *importantes* n'étaient pas tant dans les grandes correspondances de la disposition des bâtiments que dans les détails, comme le nombre de marches et la position des fenêtres et des travées.

Il existe d'autres récits de ce genre. Quand Nelson Mandela a été libéré de sa prison en Afrique du sud pour commencer la rédaction d'une nouvelle constitution, il a demandé que soit construite une réplique exacte de la maison du directeur de la prison, endroit où il avait travaillé pendant les derniers mois de son emprisonnement. Lorsqu'on lui a demandé le pourquoi de ce désir, il a répondu qu'il s'était habitué au plan de cette maison et qu'il « voulait un lieu où il pourrait trouver la salle de bains, la nuit, sans hésiter [30] ». La réplique est devenue la maison où il se reposait, il y allait quand il avait le temps de méditer – ce qui était sa façon à lui de prier, façon qu'il avait été obligé de mettre au point en prison. La disposition des lieux l'aidait dans sa méditation.

Les bâtiments finissent par s'intégrer aux habitudes de pensée des gens – la familiarité avec le plan mémorisé d'un bâtiment donné ne permet pas simplement de se concentrer, mais semble en fait canaliser et « porter » les mouvements de la pensée. La construction du nouveau bâtiment de la British Library à St-Pancras a provoqué une levée de boucliers des chercheurs dont les habitudes de travail étaient complètement associées à la disposition de l'ancien bâtiment; interrompre leur travail pour se familiariser avec le plan du nouveau bâtiment les dérangeait également. Dans cette peur des érudits n'entrait pas seulement le fait de devoir apprendre où étaient le nouveau catalogue et les salles d'étude ; y entrait aussi l'angoisse de ne pas être capables de retrouver les « lieux » qui avaient contribué à établir leurs schémas de pensée : la localisation familière du catalogue et des salles d'étude, ainsi que le *ductus* qui les traversait.

L'accent que ces chercheurs mettent sur l'architecture montre bien que, pour les réformateurs des ordres monastiques, les bâtiments, et tout particulièrement l'abbatiale dans laquelle « se déroulait » la liturgie, étaient conçus comme des mécanismes de méditation, une structure qui non seulement abritait et encourageait, mais aussi *permettait* l'*opus Dei* [31]. Bernard prenait bien soin d'utiliser le mot *oratorium* pour le type d'abbatiale qu'il désirait construire, et non *ecclesia,* (alors) plus répandu, parce qu'il concevait son église comme un *lieu* de prière (comparez avec la figure 4). C'est ici surtout qu'on voit à quel point ses « lieux de prière » contrastent avec l'échelle excessive (selon lui) des *ecclesiae* des autres ordres monastiques, tels que Cluny [32].

Un oratoire cistercien fournit une série de « lieux » en accord avec quelques principes généraux d'arrière-plan mnémonique. Ceux-ci sont mentionnés dans le *Rhetorica ad Herennium,* mais ils peuvent aussi très bien être inventés indépendamment : peut-être font-ils suffisamment partie des processus fondamentaux de la mémoire humaine pour ne relever de rien d'autre que du « bon sens ». Le bâtiment est de taille modeste, il est clos, sa taille et sa forme peuvent être saisies (ce qui était vrai, aussi, du cloître ou *pratum*) d'un seul coup d'œil mental. Cette caractéristique est accentuée par la continuité des murs du second étage, un mur continu au-dessus des arcs. Il est éclairé modérément, sans être ni éblouissant ni sombre, par des fenêtres de verre transparent. Dans les églises cisterciennes, ces fenêtres accentuent les modules structuraux du bâtiment, de sorte que chacun d'entre eux est éclairé avec modération. Les églises cisterciennes se distinguent par l'absence de fenêtres dans la partie supérieure de la nef, ce qui renforce l'impression de dimensions réduites. On retrouve d'ailleurs cette échelle réduite dans les galeries du cloître, où les chapiteaux (comme à Fontenay) sont presque à hauteur des yeux (figure 5).

Le *templum* (église) et le *pratum* (cloître) contiennent aussi des éléments qui signalent immédiatement et à l'évidence les subdivisions de chaque « lieu ». Les arcades créent les *intercolumnia*, les « espaces d'entre-colonnement » qui étaient déjà proposés comme arrière-plan dans les anciennes listes mnémotechniques. Les divisions évidentes du bâtiment – nef, transepts, absides – sont liées les unes aux autres selon des constructions modulaires, comme une série de *loci* ou de *cedes*, une structure mnémotechnique efficace. Le carré que forme la croisée du transept fournit l'unité de base du plan et celle de l'élévation, l'unité de mesure des travées.

C'est ainsi que l'on est toujours certain de sa « place » dans la structure ; il est d'ailleurs possible d'y « marcher » mentalement. Lorsque l'on s'avance ainsi en esprit dans la nef, par exemple, chaque *locus* entre les colonnes (les *intercolumnia*) est clairement séparé du suivant par un espace (le fût de la colonne) qui clôt le cadre. De la sorte, les travées sont porteuses d'une *linea* de sièges ou de lieux de dimensions réduites qui non seulement ont une utilité mnémonique mais aussi paraissent satisfaire judicieusement les besoins mnémoniques fondamentaux.

On en trouve un exemple dans la série d'espaces rectangulaires pareils à des boîtes que forment les travées des collatéraux de Pontigny (figure 6), une des premières filiales de Cîteaux (la nef date des années 1140). Chacune de ces travées, clairement marquée par des colonnes, un arc et une voûte, forme une petite pièce ou *cella*, modérément éclairée par une seule fenêtre en grisaille. Chaque travée a juste les dimensions nécessaires pour pouvoir être saisie par l'œil en un seul *conspectus* ou « regard » mental ; c'est un arrière-plan de taille modeste, encadré, simple mais clairement défini ; le spectateur se trouve à une distance modérée du mur du fond ; chaque arrière-plan est séparé du suivant par une surface encadrée bien nette (formée par les piliers).

La grisaille des fenêtres, élément particulièrement cistercien, donne à la « pièce » un éclairage modéré, tout en dessinant un motif lumineux simple sur les « murs » qu'encadrent les colonnes, motif qui varie selon l'heure et la saison (figure 7). Il faut aussi considérer le *ductus* de ces oratoires ; les motifs lumineux indiquent les « voies » à suivre pour entrer dans un bâtiment et le traverser, ils sont des éléments importants du *ductus* de ces oratoires. Hugues de Saint-Victor, dans son art élémentaire de la mémoire, la préface de son *Chronicon*, souligne l'utilité mnémotechnique des variations lumineuses saisonnières et quotidiennes, personne avant lui n'avait parlé de cette mise en valeur, laquelle m'a déconcertée jusqu'au jour où j'ai fait le lien avec l'architecture monastique [33]. Je pense que l'accent mis de la sorte sur le besoin de se positionner dans le rythme des saisons, tout autant que dans l'espace, est une des contributions de la pratique monastique à la mnémotechnie. De même que les motifs des chapiteaux cisterciens, qui à première vue paraissent presque tous semblables, les motifs lumineux projetés par les fenêtres en grisaille nécessitent beaucoup de concentration et d'étude – ainsi qu'une mémoire attentive – pour l'invention. Ramener l'esprit à un état de très grande concentration méditative, à une telle *intentio* du cœur, était un des soucis essentiels des réformes de Bernard.

L'oratoire cistercien (et on pourrait analyser de façon semblable les abbatiales d'autres ordres monastiques, en restant attentif à la diversité de leur décor rhétorique) est un bâtiment que les praticiens rompus à l'art de la méditation peuvent *utiliser* – il est facile à intérioriser, aisément « divisé » par l'esprit en unités distinctes, toutes de taille modeste, et aisé à « re-visiter » à la fois mentalement et physiquement. Ce n'est pas un bâtiment pour personnes paresseuses ou blasées, car chacun est obligé d'œuvrer pour s' « approprier » la composition des lieux, pour qu'elle devienne *familiaris*. Le *ductus* qu'on trouve dans une abbatiale ou un cloître cistercien produit une musique complexe et variée qui fait penser à l'*organum* intériorisé qui conduit saint Augustin à travers le *locus Tabernaculi*.

Les cisterciens étaient les héritiers des maîtres de la rhétorique monastique architecturale qui les avaient précédés. Carol Heitz a décrit de façon très convaincante comment les liturgies processionnelles déterminaient l'articulation de l'espace dans les abbatiales des monastères carolingiens et préromans [34]. Son apport est trop riche pour être aisément résumé ici, mais un exemple pourra sans doute donner une idée de l'analyse qu'elle en a faite. Dans le monastère carolingien de Centula-Saint-Riquier, construit quelques décennies avant l'élaboration du « Plan de Saint-Gall », trois églises avaient été construites au sommet d'un triangle obtusangle, elles étaient reliées entre elles par de longues galeries. Certains documents qui ont résisté au temps, relatent en détail les diverses célébrations liturgiques qui se déroulaient dans cet ensemble au neuvième siècle : il s'agissait de processions complexes de chœurs de moines, semblables à des voyages, à travers l'église abbatiale de Saint-Riquier, et d'une église à l'autre. Lors de ces processions, les autels de l'église abbatiale, ainsi que le parvis, devenaient les points de repère de ce voyage liturgique (figure 9).

Outre ces autels, quatre *imagines* (le mot du chroniqueur) servaient aussi de points de repère pour les *loci* principaux de la « voie ». Heitz les décrit comme suit :

> Des images, *Imagines* – stations de prière – jalonnent l'itinéraire liturgique. [...] La première de ces images, celle de la Nativité, était fixée dans le porche, au-dessus de la porte d'entrée dans la crypte du Sauveur. [...] Les trois autres *imagines* se trouvaient dans la nef et ses collatéraux, à peu près alignées. Au centre, derrière l'autel de la Sainte-Croix, il y avait l'image de la *Passion* du Christ. Au nord, sans doute au bout du bas-côté, la *Résurrection*, au sud, en position identique, l'*Ascension* [35].

Les différents offices liturgiques utilisaient tous ces *loci* de diverses façons. Par exemple, une procession démarrait devant l'image de la Nativité, dans le porche, puis se divisait en deux chœurs qui s'avançaient de chaque côté de la nef jusqu'aux *imagines* correspondantes de la Résurrection et de l'Ascension, puis traversaient l'abbatiale pour se retrouver au *locus* central de l'autel de la Sainte-Croix surmonté par la Passion. À partir de là, les moines se dirigeaient vers l'est, toujours en deux chœurs, pénétraient dans l'abside jusqu'à l'autel de Saint-Riquier, repartaient vers l'ouest jusqu'aux autels sur les côtés opposés de la nef, se rejoignaient devant l'autel de la Sainte-Croix, puis quittaient l'abbatiale par la porte sud (s'arrêtant d'abord pour entonner l'office des morts devant l'autel de Saint Maurice). Pendant tout ce temps, évidemment, ils étaient engagés dans une prière commune. Leur abbé avait parfaitement compris que l'ensemble de ses bâtiments était, en fait, une structure proche d'un mandala dont la décoration (qu'il s'agisse des autels ou des fresques) fournissait une carte simple des « lieux » d'arrière-plan, dans laquelle il pouvait inventer une série extrêmement complexe de *ducti* différents.

La façon dont étaient utilisées ces *imagines* confirme également que l'utilisation d'images et de toutes sortes d'ornementation « pour la mémoire » requiert plus qu'une simple méditation sur un quelconque *contenu* particulier qu'elles représentent. Les images de cette église rappelaient évidemment un contenu particulier (la Passion, la Nativité), mais elles étaient aussi des points de repère de la voie. Que l'abbé se soit souvenu ou non du commentaire de saint Augustin sur le Psaume 41 (il est fort possible qu'il s'en soit souvenu car c'était un texte connu), il savait parfaitement bien dans quelle intention il avait été composé. Heitz souligne que le jeu inventif entre l'espace et la liturgie à Centula-Saint-Riquier n'était pas unique en son genre ; c'est simplement que nous possédons de nombreux documents à ce sujet. Saint-Riquier montre de manière particulièrement riche comment une « mémoire du lieu » pouvait être tissée dans la matière même de bâtiments monastiques.

Le trope Tabernacle-Temple-Cité, j'aimerais le souligner, est, comme toutes les *picturae* cognitives, un schéma directeur pour l'invention. Potentiellement, il pouvait être utilisé pour positionner et relier des contenus de toute sorte. Mais il est évident, dans le contexte de bâtiments monastiques destinés à la prière, que le contenu était spirituel, et que s'il avait été utilisé publiquement pour d'autres buts, cela aurait créé un scandale. Toutefois, il n'y a rien dans les formes matérielles elles-mêmes – même dans la forme de la croix – qui ait une signification complètement indépendante des communautés qui les ont produites et utilisées. Et il ne s'agit pas simplement d'une idée d'aujourd'hui.

Comme l'écrivit saint Augustin, « ce n'est pas dans l'image du Seigneur que nous construisons en nous-mêmes et qui est probablement très différente de la réalité, que se trouve notre salut [36] ». Jean Cassien écrivit de son côté que « les Saintes Écritures se modèlent sur les capacités humaines, elles paraissent terre à terre à ceux qui sont dans le monde et divines à ceux qui sont spirituels [37] », et aussi que « les différences [entre les prières] sont aussi grandes et aussi nombreuses que ce que l'on peut trouver dans une seule âme ou plutôt dans toutes les âmes dans leurs diverses conditions et états [38] ». Ces affirmations sont celles d'hommes qui ne pensaient pas uniquement en termes dogmatiques mais aussi rhétoriques, comme *decorum* et *imagines rerum, ethos* et *pathos.* En conséquence, lorsqu'un moine, ou une nonne, lisait le conseil que donnait Cassien, « bâtissez dans votre cœur le tabernacle sacré de la connaissance spirituelle [39] », il, ou elle, comprenait que le Tabernacle sacré prendrait des formes diverses selon la variété des cœurs qui le bâtissaient, tout en restant – *ad res* – le « véritable » Tabernacle. Il ou elle le saurait en le reconnaissant, non pas à la manière d'une photographie, mais à la manière d'un jeu de mots, confrontant dans sa propre mémoire un avatar particulier du *templum* avec le « Tabernacle sacré » qu'il, ou elle, avait construit dans la bibliothèque verbale et visuelle de son cœur [40].

Traduit par Bernard Hœpffner et Catherine Goffaux

Notes

1. La description est plusieurs fois appelée *pictura*, à commencer par la disposition des pierres précieuses du diadème de Dame Nature ; voir *De planctu naturae*, II (prosa I) 55ff, sous la direction de N. M. Häring, *Studi medievali*, 3e série, 19, 1978, pp. 797–879.
2. J'ai analysé cela dans *The Book of Memory*, particulièrement p. 80–121.
3. Certains de ces points ont été traités, particulièrement en ce qui concerne les formes architecturales et littéraires, y compris l'*ekphrasis*, dans « The Poet as Master-Builder : Composition and Locational Memory in the Middle Ages », *New Literary History*, N° 24, 1993, p. 881–904.
4. La maquette a été réalisée par Ernest Born et Walter Horn ; ils en font la description dans leur livre : *The Plan of St. Gall : A Study of the Architecture and Economy of, and Life in a Paradigmatic Carolingian Monastery*, 3 volumes, Californie, 1979. Toutefois, certaines mesures données dans le manuscrit ont dû être « corrigées » pour y parvenir. En ce qui concerne les relations de détails du Plan avec certains bâtiments existants de l'époque, voir C. Heitz, « Architecture et liturgie processionnelle à l'époque préromane », *Revue de l'art*, 1974, p. 30–47, qui montre que le choix et la séquence des autels à l'intérieur du sanctuaire suivent partiellement l'église abbatiale de Saint-Riquier. Quant à savoir si le plan devait servir de programme paradigmatique aux monastères, lesquels pourraient le copier pour les plans de leurs constructions (l'hypothèse de Horn et Born), cette question a été entièrement analysée, avec une conclusion négative, par L. Nees, « The Plan of St. Gall and the Theory of the Program of Carolingian Art », *Gesta*, N° 25, 1986, p. 1–8.
5. « Haec tibi dulcissime fili cozberte de posicione officianarum paucis exemplata dixeri quibus sollertiam exerceas tuam. [...] Ne suspiceris autem me haec ideo elaborasse, quod vos putemus nostris indigere magisteriis, sed potius ob amorem dei tibi soli perscrutinanda pinxisse [...] credo. » Cité par Nees, *op. cit.*, Note 2.
6. W. Braunfels, *The Monasteries of Western Europe*, Londres, Thames and Hudson, p. 46.
7. « Omnibus ad Sanctum turbis patet haec via templum qua sua vota ferant unde hilares redeant. » Cité par W. Braunfels, *op. cit.*, p. 45. Walter Horn a fait une étude de l'utilisation de ces « nombres sacrés » dans le Plan ; je pense qu'il serait intéressant de voir à quel point ils correspondent aux détails spécifiques de la description donnée dans Ézéchiel ; voir Horn, « On the Selective Use of Sacred Numbers and the Creation of a New Æsthetic in Carolingian Architecture », *Viator*, N° 6, 1975, p. 351–390.
8. G. A. Zinn, Jr., « Mandala Symbolism and Use in the Mysticism of Hugh of St. Victor », *History of Religions*, N° 12, 1972, p. 317–341.
9. « Tu autem, fili hominis, ostende domui Israel templum, et confundantur ab iniquatibus suis, et metiatur fabricam, et erubescant ex omnibus quae fecerunt. Figuram domus, et fabricae eius, exitus et introitus, et omnem descriptionem eius, et universa pracepta eius, cunctumque ordi-

nem eius, et omnes leges eius ostende eis, et scribes in oculis eorum, ut custodiant omnes descriptiones eius, et praecepta illius, et faciant ea. »

10. On trouvera une description complète des caractéristiques des textes anciens de ce genre et des liens entre eux dans Martha Himmelfarb, « From Prophecy to Apocalypse : the *Book of the Watchers* and Tours of Heaven », dans A. Green (sous la direction de), *Jewish Spirituality I : From the Bible Through the Middle Ages*, New York, 1987, p. 145–165. Le temple visionnaire est décrit au chapitre 90 du livre apocryphe I Hénoch.
11. Quodvultdeus, *Liber promissionum et praedictorum Dei*, « de gloria regnoque sanctorum capitula », xiii. 17, texte établi par R. Braun, Corpus Christianorum, série Latina, Vol. 60, Turnhout, 1976, p. 221.59–62 : « Aedificandi si est affectio, habes fabricam mundi, mensuras arcae, ambitum tabernaculi, fastigium templi Salamonis ipsiusque per mundum membra Ecclesiae quam illa omnia figurabant. » Voir aussi H. de Lubac, *Exégèse médiévale*, Paris, 1959, Vol. 4, p. 41–60.
12. Voir H. Kessler, « Through the Temple Veil : The Holy Image in Judaism and Christianity », *Kairos : Schrift für Judaistik Religionswissenschaft*, N° 32/33, 1990, pp. 53–77. Entre autres essais qui analysent ces images, on pourra consulter C. Roth, « Jewish Antecedents of Christian Art », *Journal of the Warburg and Courtauld Institutes*, N° 16, 1953, p. 24–44, et E. Revel-Neher, « Du Codex Amiatinus et ses rapports avec les plans du Tabernacle dans l'art juif et dans l'art byzantin », *The Journal of Jewish Art*, N° 9, 1982, p. 6 –17.
13. C. Roth, *op. cit.*, p. 25. Bien que certains détails de l'article de Roth aient été modifiés par des recherches plus récentes (voir en particulier les travaux de Kessler et de Revel-Neher), cet essai majeur démontre, outre les premières influences des traditions juives sur les traditions chrétiennes, leur influence continue sur certains aspects de l'art chrétien pendant toute la dernière partie du Moyen Âge.
14. C. Roth, *op. cit.*, p. 36.
15. Trois essais m'ont été d'une grande utilité quant à la datation, l'écriture et les sources de ce manuscrit ; il s'agit (en ordre chronologique) de R. Bruce-Mitford, « The Art of the Codex Amiatinus », *The Journal of the British Archæological Association*, 3e série, N° 32, 1969, pp. 1–25 ; E. Revel-Neher, « Du Codex Amiatinus », et K. Corsano, « The First Quire of the Codex Amiatinus and the *Institutiones* of Cassiodorus » *Scriptorium*, N° 41, 1987, p. 3–34. Les historiens de l'art considéraient autrefois ce manuscrit comme une copie exacte de modèles classiques, mais les hypothèses actuelles mettent en avant sa conception entièrement anglo-saxonne et les éléments anglo-saxons décelables dans sa « traduction » du style classique. Corsano et Bruce-Mitford ont particulièrement montré que la matrice du manuscrit était anglo-saxonne ; Revel-Neher, se fondant sur certains commentaires de Roth, cherche à montrer que le texte du Codex Amiatinus ne s'appuie pas directement sur des modèles juifs mais qu'on y trouve des preuves de traductions à partir des manuscrits de l'Octateuque (qui ne sont eux-mêmes que partiellement fondés sur des antécédents juifs) rédigés par des chrétiens byzantins.
16. Un portrait du scribe, Esdras, est maintenant placé entre la double page du

Tabernacle et le texte ; voir Corsano, *op. cit.*, en ce qui concerne les preuves codicologiques du déplacement de ces pages initiales.

17. Je suis ici en désaccord avec la théorie de Revel-Neher selon laquelle le diagramme de l'Amiatinus est entièrement littéral, « lié étroitement au texte, le suivant précisément, cherchant à l'illustrer fidèlement », contrairement aux représentations des Vaisseaux sacrés dans la tradition juive, lesquelles servent à un système symbolique culturel et religieux (p. 16). Il s'agit ici d'un autre exemple où l'application de l'opposition moderne entre « le littéral » et « le symbolique » finit par brouiller notre image de l'utilisation d'une figure-lecture ancienne ou médiévale.
18. « Mesurer la forme », dans la piété médiévale tardive, s'appliquait généralement du Tabernacle (selon l'exégèse, une image du Christ ; voir l'Épître aux Hébreux, 8 :2) au corps du Crucifié, tandis que l'accent mis sur les dimensions physiques précises que l'on trouve dans les plans de l'Exode et d'Ézéchiel s'applique au corps crucifié du Christ (quelle était la taille du Christ ? et ainsi de suite).
19. Cassiodore, *Institutiones*, I. 5, 2 (texte établi par R. A. B. Mynors, Oxford, 1937 : « Hic tantos auctores, tantos libros in memoriae suae bibliotheca condiderat, ut legentes probabiliter admoneret, in qua parte codicis quod praedixerat invenirent. [...] Commonuit etiam tabernaculum templumque Domini ad instar coeli fuisse formatum ; quae depicta subtiliter lineamenti propriis in pandecte Latino corporis grandioris aptavi. » Certains chercheurs ont pu penser qu'il existait deux diagrammes, un diagramme du temple et un diagramme du tabernacle, mais le verbe et le pronom au singulier indiquent qu'il n'y en avait qu'un seul, un Tabernacle-Temple. Il n'existe qu'un seul diagramme dans le Codex Amiatinus ; selon Roth et Kessler, la tradition des Bibles en hébreu était de n'avoir qu'une seule image. Eusèbe, venant « d'Asie », était sans doute de Syrie ; en ce qui concerne les grandes lignes des associations de Vivarium avec le monde méditerranéen de cette époque, l'essai écrit en 1938 par P. Courcelle, « Le Site du Monastère de Cassiodore », est toujours d'une grande valeur (réédité dans P. Courcelle, *Opuscula selecta*, Paris, 1984, p. 27–75).
20. Dans un important article, « Mémoire, lieux et invention spatiale dans la peinture italienne des XIIIe et XIVe siècles », *Annales ESC*, 1993, pp. 1447–1469, J.-P. Antoine défend la thèse selon laquelle la perspective changeante de la peinture du Trecento est une indication des pérambulations mnémotechniques dans l'espace de la peinture. Ces *picturae* à perspective changeante (comme le Tabernacle du Codex Amiatinus) ne correspondent pas à l'affirmation de George Lessing selon laquelle les peintures se différencient cognitivement du langage parce qu'elles peuvent être appréhendées immédiatement, sans déroulement temporel (comme les mots se déploient dans le temps pour un lecteur). Afin d'appréhender les perspectives de ces images, cependant, il est nécessaire de les « parcourir » – ce qui demande une progression temporelle.
21. « Quemadmodum desiderat cervus ad fontes aquarum, sic desiderat anima mea ad te, Deus. » Le texte est celui de la Bible « Itala », sur laquelle se fondent les com-

mentaires d'Augustin.

22. Psaume 41 :5 : « Haec meditatus sum, et effudi super me animam meam, Quoniam ingrediar in locum tabernaculi admirabilis, usque ad domum Dei, In voce exsultationis et confessionis, soni festiuitatem celebrantis. »
23. Augustin, *Enarrationes in Psalmis XLI*, Sect. 9, texte établi par D. Dekkers et J. Fraipont, Corpus christianorum, série latina, Vol. 38, Turnhout, 1956 : « Etenim cum effunderem super me animam meam ad atingendum Deum meum, quare hoc feci? *Quoniam ingrediar in locum tabernaculi.* Nam extra locum tabernaculi errabo quaerens Deum meum. *Quoniam ingrediar in locum tabernaculi admirabilis, usque ad domum Dei.* [...] Ecce quanta admiror in tabernaculo! [...] sed adhuc in loco tabernaculi ambulo. [...] Tamen dum miratur membra tabernaculi, ita perductus est ad domum Dei, quamdam dulcedinem sequendo, interiorem nescio quam et occultam uoluptatem, tamquam de domo Dei sonaret suauiter aliquod organum; et cum ille ambularet in tabernaculo, audito quodam interiore sono, ductus dulcedine, sequens quod sonabat, abstrahens se ab omni strepitu carnis et sanguinis, peruenit usque ad domum Dei. Nam uiam suam et ductum suum sic ipse commemorat, quasi diceremus ei : Miraris tabernaculum in hac terra; quomodo peruenisti ad secretum domus Dei? *In uoce,* inquit, *exsultationis et confessionis, soni festiuitatem celebrantis.* »
24. Les dates exactes de Fortunatianus ne sont pas connues, mais nous savons qu'il appartenait à la génération de Marcien Capella, qui était actif aux environs de 415–420; Augustin est mort en 430. Au Moyen Âge, la rhétorique de Fortunatianus était souvent copiée, en même temps qu'un ouvrage de rhétorique qui était alors attribué à Augustin; lui permettant ainsi de partager l'aura du maître. En outre, Cassiodore a déclaré que Fortunatianus était un maître de la rhétorique, particulièrement en ce qui concerne la *memoria* et l'énonciation.
25. On trouvera une analyse du concept musical du treizième siècle, *conductus,* lequel possède des liens intéressants avec sa racine, *ductus,* dans N. Van Deusen, *Theology and Music at the Early University,* Leiden, 1995, p. 37–53.
26. « Ductus autem est agendi per totam causam tenor sub aliqua figura servatus », Marcien Capella, *De rhetorica,* 20; texte établi par C. Halm, *Rhetores latini minores,* Leipzig, 1863, p. 463.35–36.
27. Fortunatianus, *Artis rhetoricae libri tres,* I. 5, texte établi par C. Halm, *Rhetores latini minores,* voir Martianus Capella, *De rhetorica,* 20.
28. Fortunatianus, I. 7, texte établi par C. Halm, p. 86.24–33; voir Martianus Capella, *De rhetorica,* 20; texte établi par C. Halm, p. 464.475.
29. Voir F. Bucher, « Cistercian Architectural Purism », *Comparative Studies in Society and History,* N° 3, 1960, pp. 80–107.
30. Article du *New York Times,* 1er mai 1994.
31. En ce qui concerne le rôle de l'espace physique dans le rituel et dans les observances religieuses, voir tout particulièrement J. Z. Smith, *To Take Place : Toward Theory in Ritual,* Chicago, 1987.
32. C. Rudolph analyse l'utilisation que fait Bernard de Clervaux du contraste entre *oratorium* et *ecclesia* dans « *The Things of Greater Importance* » *: Bernard of Clairvaux's Apologia and the Medieval Attitude Toward Art,* Philadelphie, 1990, p. 311.
33. Hugues déclare qu'un étudiant doit prêter attention à divers facteurs lorsqu'il cherche

à apprendre quelque chose de façon permanente, parmi ceux-ci, on trouve « la nature diverse des occasions pendant lesquelles nous avons appris quelque chose ». Si nous nous souvenons des circonstances dans lesquelles nous avons appris quelque chose, il nous sera plus facile de fixer le souvenir du contenu, que nous pourrons retrouver en nous souvenant de l'expérience entière, à savoir si nous l'avons appris de jour ou de nuit, par temps couvert ou ensoleillé. Voir ma traduction de ce texte dans *The Book of Memory*, p. 264, et particulièrement l'analyse générale des conditions d'apprentissage et de la façon dont elles peuvent prendre une importance mnémonique, p. 61, 77–78.

34. Voir C. Heitz, « Recherches sur les rapports entre architecture et liturgie à l'époque carolingienne », Paris, 1963, et « Architecture et liturgie processionnelle à l'époque préromane », *Revue de l'art*, 1974, p. 30–47.

35. C. Heitz, « Architecture et liturgie processionnelle à l'époque préromane », p. 35.

36. Augustin, *De trinitate*, VIII. iv, texte établi par W. J. Mountain, Corpus Christianorum, série Latina, Vol. 50, Turnhout, 1968 : « Neque in fide nostra quam [imaginem] de domino Iesu Christo habemus illud salubre est quod sibi animus fingit longe fortasse aliter quam res habet ».

37. Jean Cassien, *Conférences* XIV.11, texte établi par Pichery, Sources chrétiennes, Vol. 54, Paris, 1958 : « Pro capacitate enim humanorum sensuum earum quoque species coaptatur et uel carnalibus uel diuina spiritalibus adparebit ».

38. Jean Cassien, *Conférence* IX. viii, texte établi par Pichery, Sources chrétiennes, Vol. 54 : « [Orationum species t] ot enim sunt quot in una anima, immo in cunctis animabus status queunt qualitatesque generari ».

39. Jean Cassien, *Conférence* XIV. ix. Cassien conseille que l'on se purge des soucis et des vices terrestres en commençant à prier et à « scientiae spiritalis sacrum in corde uestro uultis tabernaculum praeparare ».

40. J'aimerais remercier tout particulièrement Bernard Hœpffner et Catherine Goffaux pour leur excellente traduction de mon texte anglais.

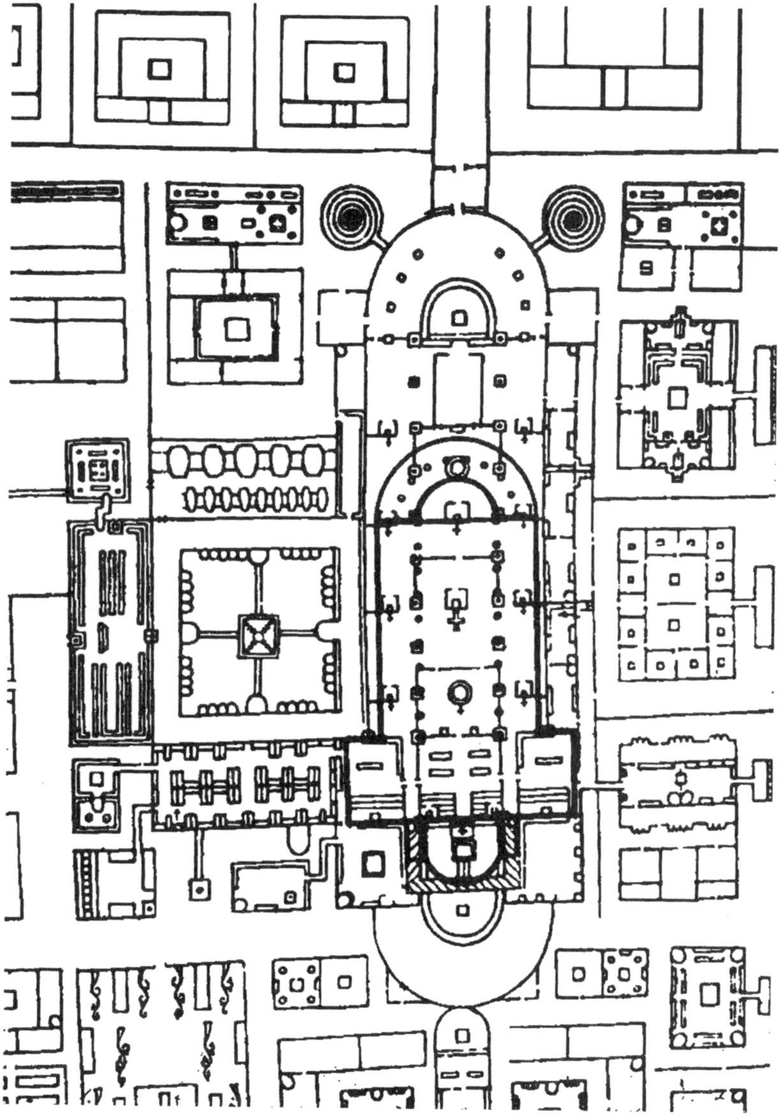

1. Plan de Saint-Gall : détail des bâtiments de l'église abbatiale et du cloître. Le plan est orienté à l'est et l'entrée est dans la partie inférieure (depuis l'ouest). D'après W. Braunfels, à partir du manuscrit rédigé par Heito, du couvent de Reichenau, *ca.* 820.

2. La mandala de Jnanadakini.
Aquarelle sur tissu. Tibet-Asie (École du Monastère de Ngor), *ca.* fin du XVe siècle.
Photographie : The Metropolitan Museum of Art, New York. Acheté par le Lita Annenberg Hazen Charitable Trust Gift, 1987. (1987.16)

3. Plan du Tabernacle-Temple dans le Codex Amiatinus (œuvre de scribes anglo-saxons, *ca.* 715). Florence, Biblioteca Medicea Laurenziana, MS. Amiatinus 1, ff. IIv-III. *Photographie* : Bibl. Medicea Laurenziana, Florence.

4. Fontenay : intérieur de la nef.
Photographie : Abbaye de Fontenay.
Crédit photographique : Ed. M. Lefèvre, La Villotte, 89240 Chevannes

5. Fontenay : une « stanza » délimitée par les chapiteaux du cloître.
Photographie de l'auteur.

6. Pontigny : une travée du collatéral sud, sorte de « cellule » de la mémoire.
Photographie de l'auteur.

7. Pontigny : quelques petites « pièces de méditation » dans l'abside, on voit la lumière qui passe par la fenêtre en grisaille dans le mur.
Photographie de l'auteur.

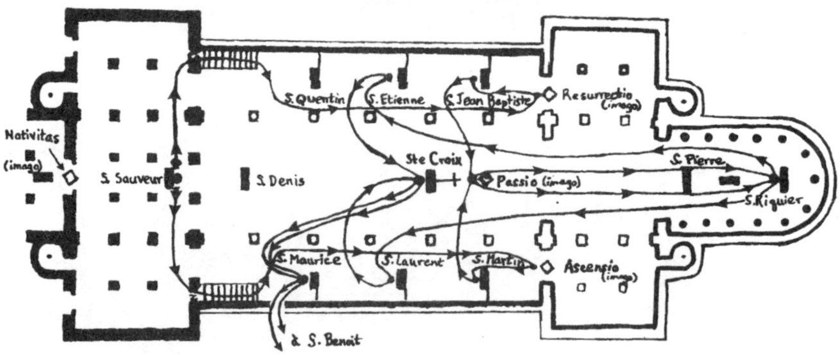

8. Pontigny : ombre en grisaille.
Photographie de l'auteur.

9. Le chemin suivi par les moines lors d'une des processions de Centula-Saint-Riquier ; la procession débutait sur le parvis, puis les moines pénétraient dans la nef par les escaliers nord et sud. D'après C. Heitz.

Jean-Philippe Antoine

Invention spacieuse et scène de la parole : les fresques monumentales en Italie au tournant des Duecento et Trecento.

J'ESPERE AUJOURD'HUI accomplir un double travail : isoler un type de construction picturale du lieu jusqu'ici mal défini, mais aussi donner l'exemple d'une approche de pensée des images fondée sur la réalité des pratiques de ceux qui les produisent et les utilisent, et évitant l'écueil du formalisme comme celui d'une démarche iconographique aveugle à la facture. J'avouerai encore en commençant que les présentes considérations ont pour départ l'émotion autrefois éprouvée devant quelques cycles de fresques italiennes du XIVᵉ siècle que je découvrais : émotion devant un mode de présence de la peinture lié certes à la production d'un « effet de réel », voulu comme tel et encore sensible aujourd'hui, mais impossible à démêler de l'intuition d'une « inquiétante étrangeté » de la représentation, et de la perception de torsions spatiales qui distinguaient ces fresques de leur postérité du XVᵉ et du XVIᵉ siècle. Mesuré à l'aune de la perspective, leur champ pictural était imparfait, encore disloqué. Et pourtant, quelque chose s'y manifestait qui se retire de la peinture de la grande Renaissance. J'aimerais aujourd'hui montrer que ce quelque chose est lié à la constitution de la peinture en scène du souvenir, montrer aussi dans quelle mesure cette entreprise repose sur une construction originale du lieu pictural.

Il faut pour cela commencer par écarter le cadre qui a jusqu'ici servi à penser ces œuvres : celui d'une histoire de l'art adossée aux théories de la perspective. Inaugurée par Vasari, cette histoire voit dans des peintres comme Cimabue ou Giotto les pères fondateurs d'une entreprise que Michel-Ange et Raphael viendront parachever : la création d'un canon pictural de la représentation spatiale des choses selon leur apparence pour l'œil.

Ces théories de la perspective ont vu leur efficace théorique renouvelé, et transformé, d'une part par l'analyse kantienne de l'espace et sa postérité, d'autre part par l'apparition de la photographie. La théorie de Kant, qui fait de l'espace une condition de la perception, a rencontré, moyennant des aventures dont on ne peut rendre compte ici, la théorie de la perspective comme condition de la représentation picturale, pour offrir l'idée d'une nécessité perceptuelle de la perspective, instrument indispensable d'un rendu optique véridique du réel. L'apparition de l'appareil photographique, envisagé du point de vue exclusif de sa ressemblance avec la *camera obscura*, est venue renforcer cette construction. L'effet de réel que produit le caractère indiciel de l'image photographique, empreinte chimique de la lumière, s'est déplacé vers les moyens de l'optique mise en œuvre, dans un processus de censure de la composante chimique qui faisait sa véritable nouveauté. Le résultat en a été l'objectivation de processus auparavant attribués à l'invention d'un sujet. Dans cette construction de la perspective comme vérité perceptuelle, la peinture italienne du XIVe siècle joue le rôle de précurseur ou d'enfance du « premier art perspectif », celui de la Renaissance. C'est sa gloire, comme aussi sa limite.[1]

Plus récemment, un autre type de construction historique a cherché à se dégager de cette problématique, mettant l'accent sur l'apparition dans la peinture monumentale, au tournant du Duecento et du Trecento, de nouvelles formes de narrativité. Cessant d'être pure illustration d'un récit, la narration picturale se met au service de l'allégorie, déclarant ainsi son appartenance à un arsenal rhétorique.

Bien qu'elle mette l'acent sur un aspect fondamental du changement en cours dans la culture picturale, cette conception demeure prisonnière de certains des schémas précédents. Pour Hans Belting, qui a le plus clairement exprimé cette problématique, les traits neufs de la narration picturale résident en effet, d'une part dans une volonté de « description de la causalité et du monde empirique de la nature », d'autre part dans « la définition [psychologique] de l'individu qui a vécu et expérimenté ce monde. » Les *Histoires de la vie de saint François*, peintes dans les dernières années du XIIIe siècle sur les murs de la basilique supérieure d'Assise, témoignent de la première (fig. 1). Elles font preuve d'un « réalisme documentaire qui souligne les traits modernes de la légende du saint, et invite à la vérification empirique, y compris en un sens topographique. » Les *Histoires de la Vierge et du Christ*, réalisées par Giotto dans la chapelle des Scrovegni à Padoue dans les toutes premières années du XIVe siècle, illustrent la seconde (fig. 2). Elles reflètent moins le monde extérieur, lieu de l'expérience et de la « vérité de l'histoire », qu'« un drame théâtral où les acteurs jouent une entière panoplie de relations et sentiments humains, positifs et négatifs. »[2] Ce sont ces expériences et sentiments « modernes » que commence de déployer la nouvelle peinture. On opposera ainsi à une réussite locale du rendu empirique et psychologique la rigidité maladroite des schèmes spatiaux qui servent à l'implanter, malgré des réussites partielles, portées à leur comble par le génie d'un Giotto.

Cette interprétation, si elle prend en compte le rapport entre changements picturaux et rôle neuf de la narration, n'explique pourtant pas le trait le plus frappant de ces peintures : l'intime solidarité entre l'imitation du « monde empirique » et une intention « allégorique. » Autrement dit, comment se fait-il que la narration fasse l'objet d'un déploiement inédit des moyens de l'imitation, en particulier d'une préoccupation neuve pour le rendu pictural de la profondeur, et cela au moment même où elle se voit fixer des buts méta-narratifs ?

La réponse à ces questions appartient moins aux jeux qu'ont joué les historiens d'art avec ces peintures depuis le XIXe siècle, qu'à ceux dont faisaient partie les peintures elles-mêmes, et qui sont ceux d'une culture mémoriale. Dans la société italienne des XIIIe et XIVe siècles les arts de la mémoire ont en effet pris une place de premier plan. Mary Carruthers a décrit hier les procédures employées par les clercs, et l'essor qu'ont pris au XIIe siècle les pratiques liées aux lieux et aux images. La mise en place d'images dans des architectures ordonnées en séries de lieux y tenait une grande place. Elle est, sans aucun doute, un des facteurs de la floraison de la sculpture gothique, et des arrangements spatiaux neufs qui s'y déploient.

Ces traditions se sont transmises au siècle suivant, par le biais des nouveaux ordres mendiants, dominicains et franciscains. Mais elles ont aussi émigré vers la société civile, par le truchement des universités et de l'enseignement de la rhétorique. Or, dès le second tiers du XIIIe siècle, l'art de la mémoire que professent les rhétoriqueurs est marqué par la reprise littérale des chapitres que la *Rhétorique à Hérennius* – principale source antique de l'*ars memoriae* connue au Moyen-âge – consacrait à la mémoire artificielle.

Le contenu de ces chapitres avait déjà servi aux entreprises mémoriales des clercs du XIIe siècle, mais réadapté à leurs modes de penser et pratiques propres. Le second tiers du XIIIe siècle voit, lui, se répandre l'enseignement littéral des préceptes hérenniens, et leur efficace envahir les cadres de la culture figurative. Bien que ce développement soit en grande partie imputable au centre de rayonnement qu'est l'université de Bologne, la spécificité italienne ne réside pas dans la seule diffusion des préceptes hérenniens. Elle est aussi dans le rapport qu'entretient sa culture avec Rome et l'Antiquité latine, une Antiquité dont certains monuments classiques et paléo-chrétiens, encore mal distingués les uns des autres, sont encore physiquement présents. Dans la *cultura civile* naissante, la récupération de l'art de la mémoire hérennien, auréolé de son attribution à Cicéron, « li mieus parlans hom del monde » selon Brunetto Latini[3], rendait leur logique aux fragments figuratifs antiques et paléo-chrétiens, réactivant leur capacité à servir de modèle, à partir d'axes de compréhension renouvelés. Ces axes s'orientent autour de trois questions dont l'association est propre à l'*ars memoriae* hérennien : la spaciosité des lieux ; l'image concue comme processus de figuration de la parole ; la fabrication d'images à la fois frappantes et en mouvement. L'analyse de ces facteurs permet de rendre compte de la conjugaison de l' « allégorique » et du « réalisme documentaire » notée par Hans Belting. Pour l'essentiel, je concentrerai aujourd'hui mon propos sur le premier d'entre eux : la spaciosité des lieux.

La problématique de la spaciosité des lieux mnémoniques ne surgit pas *ex nihilo* au XIIIe siècle. L'invention de parcours à forte définition architecturale par les clercs du XIIe siècle, la sculpture gothique et son placement dans l'espace sont le témoignage d'un premier moment de cette redéfinition plastique. Mais l'usage généralisé de la *Rhétorique à Hérennius* infléchit ces modèles, en mettant l'accent sur des exigences visuelles liées à l'expérience du regardeur. C'est ce que montrent les préceptes affectés à l'invention de la forme des lieux, préceptes que l'on examinera ici à l'aide de leur discussion par Albert le Grand dans le *De Bono,* un traité qui contient un traitement détaillé des règles de la mémoire artificielle entièrement appuyé sur le *Ad Herennium.*[4] Ces cinq préceptes sont les suivants :

1) « Il est meilleur d'apparier les lieux dans une région déserte plutôt que fréquentée, car les fréquentes allées et venues des hommes troublent et blessent les caractères des marques des images, tandis que la solitude conserve les figures des effigies. »

2) « On devra apparier des lieux dissemblants de forme et de nature, pour qu'ils puissent chacun briller distinctement. En effet, si quelqu'un choisit un grand nombre d'entrecolonnements, il sera troublé par la ressemblance des lieux, et il ignorera quelle chose il a logée en quel lieu. »

3) « Il convient d'avoir des lieux moyens et de grandeur modérée. En effet, vastes outre mesure, ils rendent les images vagabondes, et trop petits, ils ne paraissent pas pouvoir accueillir l'arrangement des images. »

4) « Il convient d'avoir des lieux ni trop illuminés ni violemment obscurs, afin que les images ne soient pas aveuglées par les ténèbres, ou encore n'éblouissent par leur éclat. »

5) « Il est bon que les intervalles entre les lieux soient moyens, comme un peu plus d'une trentaine de pieds. En effet, tout comme le regard, la pensée a moins de force si on éloigne ou si on approche très près violemment [ce qui doit être vu]. »[5]

Ces préceptes n'étaient pas exploités par les traités d'art de la mémoire du siècle précédent, dont les auteurs connaissaient le *Ad Herennium*. Leur résurgence indique donc un intérêt neuf pour cet aspect de la définition des lieux mnémoniques. Mais surtout, leur discussion détaillée par Albert précise ce qu'est un lieu de mémoire au milieu du XIIIe siècle pour un grand penseur et professeur dominicain, et du même coup pour beaucoup d'autres clercs. Sans reprendre l'intégralité de cette discussion, je m'intéresserai ici à l'analyse albertienne de la question des dimensions des lieux.

Pour Albert, le fait qu'un lieu doive être « de dimension modérée » ne veut pas dire qu'il doive coïncider avec l'image de l'objet qu'il contient. La remarque écarte la définition du lieu comme limite du corps qui l'occupe, définition qu'Albert a lui-même abondamment discutée dans son commentaire de la *Physique* d'Aristote, où il l'adopte.[6] Le concept de *lieu* désigne ici plutôt une certaine aire, définie par sa relation avec l'âme : un lieu moyen, et donc approprié aux opérations de la mémoire, est un lieu où « l'âme ne se distend pas en traversant des espaces imaginaires, comme une place ou une ville » ; un lieu sera adéquat pour la mémoire « lorsque l'âme se porte sur-le-champ, d'un coup d'aile, jusqu'à ses coins, y débusquant les images qui y ont été mises en réserve. »[7]

Un lieu de mémoire est donc bien un *spatium* (on rappellera ici la signification première du mot : celle de champ de courses, arène à la fois étendue et close à l'intérieur de laquelle se déroule une succession d'événements). Mais il est un *spatium* dont l'appréhension visuelle doit rester possible d'un seul tenant, ce qui exclut justement le *campus* : place, camp ou plaine. Le terme de *locus curtus* qu'emploie Albert (lieu « court » ou plus exactement « *abrégé* »), son opposition fonctionnelle aux *spatia imaginaria,* trop vastes, ou encore la mention des *anguli,* angles ou coins, tout indique qu'on a affaire ici à un lieu possédant des dimensions, mais aussi à un lieu qui cesse d'être défini intrinsèquement comme limite de tel ou tel objet.

La suite de la discussion reconduit ces distinctions. Elle distingue trois possibilités de confusion de la mémoire, à partir du lieu (*locus*), du *locatus* (ce qui est *logé* dans le lieu, son occupant ou locataire), et de « ce qui rend l'un et l'autre visibles en acte », à savoir les conditions de la vision. A ces trois types de confusion remédient trois des préceptes cités plus haut : le lieu étant ce qui distingue un *locatus* d'un autre, il importe que les lieux soient dissemblants les uns des autres; le lieu étant approprié à l'objet et le contenant, il faut qu'il soit de dimension modérée; le lieu étant espace de l'objet, il faut un intervalle raisonnable d'un lieu à l'autre. Dans ces deux dernières assertions, on retrouve le flottement entre la définition *physique* du lieu comme limite du *locatus* (ce qui est *logé* dans le lieu), et sa définition comme *espace,* aire de réserve des images et scène où se jouent des événements. Le lieu est caractérisé à la fois par l'adéquation de ses dimensions aux images qu'il contient, qui lui interdit de les engloutir dans une trop vaste étendue, et par sa capacité à exister comme espace dimensionnel, suffisamment large et distinct pour empêcher les images de s'entrechoquer les unes les autres et de se briser. Cette dernière caractéristique explique aussi la nécessité de l'existence d'intervalles entre les lieux, c'est-à-dire d'une zone isolant les unes des autres des scènes possédant un mode d'existence spacieux.

J'aimerais montrer que cette conception du lieu commande le travail des peintres qui ont participé à la conception des grands ensembles de fresques au tournant du Duecento et du Trecento. Leurs inventions apparaissent sous un jour nouveau lorsqu'on les considère comme une réponse aux exigences neuves d'élaboration des images et de leurs lieux.

Un des premiers indices du changement à l'œuvre est le remploi d'un module de composition narrative antique et paléo-chrétien : la division du mur en plusieurs bandes horizontales, chacune divisées en cases rectangulaires, séparées les unes des autres soit par des bandes plates colorées, soit par un appareil peint à l'imitation d'éléments architecturaux.[8]

Cette résurgence prend toute sa signification lorsqu'on la compare avec les deux autres principaux modèles possibles d'organisation du mur peint. Le premier est la frise, où scènes et personnages courent sans interruption le long de bandes horizontales, et où se pose la question des limites du lieu de chaque scène. Ce modèle domine la peinture byzantine et une grande partie de la peinture médiévale des premiers siècles, sauf là où demeure vivante la tradition paléo-chrétienne, comme à Rome, ou bien lorsque se font jour des tentatives avouées de renouer avec elle, comme dans la culture carolingienne. Le second type d'organisation est la scène qu'on a pu appeler « panoramique » : elle occupe la totalité du pan de mur, et les différents épisodes et figures s'inscrivent sur un champ pictural unique, l'itinéraire qui permet de composer leur succession étant à déterminer dans ce champ par le regardeur.[9]

Par opposition à ces modèles, l'organisation de cases en séries horizontales superposées propose une suite homogène de lieux picturaux distincts. Les rectangles qui définissent chaque lieu et épisode de l'*historia* ont des dimensions égales ou proportionnées les unes aux autres. Le sens de la lecture est clarifié ; on passe aisément d'une case à une autre, en général de gauche à droite. Les registres superposés se parcourent en général du haut vers le bas, réclamant du regardeur qu'il effectue à plusieurs reprises, à diverses hauteurs, le même parcours horizontal.

Si la mise en place de bandes horizontales sert de fondement au parcours *narratif* de lecture des images, cet ordre une fois établi autorise d'autres manières d'apparier les images entre elles, et de nouveaux modes de lecture, fondés chacun sur des changements de direction dans le parcours, à rebours, transversalement, etc. La superposition des séries et l'homogénéité de la dimension des cases permettent de croiser les épisodes, dépassant l'ordre d'une narration horizontale simple, et d'en faire une lecture allégorique, soit en passant verticalement d'un registre à l'autre sur un même mur, soit en passant d'un mur à l'autre, à l'occasion de placements symétriques. Deux scènes situées sur les murs parallèles d'une nef peuvent ainsi renvoyer l'une à l'autre selon divers types de ressemblance, et replier l'une sur l'autre deux histoires différentes, dans la région spatiale que forme l'église mais aussi dans l'ordre symbolique. On reconnaîtra ici la mise en œuvre, dans le champ de la composition picturale, de procédures qui font écho à celles en vigueur dans la pratique hérennienne des lieux : l'apprentissage par coeur de la série, une fois l'ordre de succession établi, doit rendre capable de parcourir les lieux *dans n'importe quel sens et à partir de n'importe quel point.*[10]

Ce mode de lecture, qui autorise une importante variété d'organisation des parcours, et une variété encore plus grande de croisements inventifs, est associé, dès ses origines antiques, à un traitement des divisions du mur peint qui privilégie les références à l'appareil architectural. Les lignes de séparation horizontales entre les registres prennent la forme de corniches. A l'intérieur de chaque bandeau, les cases sont séparées les unes des autres par des colonnes peintes. Cela donne au mur une consistance architectonique que renforce un traitement pictural qui intègre, au moins pour certains éléments, le rendu du relief et de la profondeur pour l'œil du regardeur. Cette stratégie a deux hauts-lieux : les corniches qui séparent chaque registre, décorées d'encorbellements présentés en récession latérale, avec des effets de couleur qui accentuent l'impression visuelle du relief; les colonnes, dont les chapiteaux et les bases font l'objet d'un traitement identique.

Ce type d'organisation est loin d'avoir été hégémonique dans le monde antique romain[11], mais c'est lui qui se transmet au Moyen-âge, par le biais des tendances classicisantes de la période constantinienne, et des programmes de peintures réalisés dans les grandes basiliques romaines entre le IVe et le VIe siècle : c'est là que les peintres de la fin du Duecento trouveront des modèles d'organisation architectonique permettant à la peinture de sortir du rôle de surface plane décorative qui avait longtemps été le sien, pour entrer dans un jeu de comparaison dialectique avec le caractère tridimensionnel de l'architecture.[12]

Si les programmes de restauration des églises romaines sont dans les années 1270-1280 les premiers lieux de cette floraison[13], c'est dans la basilique supérieure d'Assise que prend corps avec une cohérence neuve ce type d'élaboration. Malgré le caractère disparate des équipes de peintres qui s'y sont succédé, l'unité du programme décoratif est garantie par un ensemble d'éléments présents dans tout l'édifice, qui assurent l'interaction entre architecture et peinture.

Dans la nef et le transept de l'église, la partie basse du mur, qu'occupe une première série de fresques, est dominée par une coursière.[14] La corniche peinte au sommet de cette partie avancée du mur imite un rebord de marbre, sous lequel court une série de corbeaux en volutes, qui se détachent sur le fond d'une surface divisée en caissons (fig. 3). Les corbeaux comme les caissons sont traités en vue oblique et de dessous, de façon à produire une impression de relief et de profondeur. L'ensemble a pour effet de faire reculer pour le regard la partie du mur qu'ils dominent et les scènes qu'elle exhibe. Dans cette économie, l'effet produit par la partie peinte s'appuie sur la comparaison visuelle avec le renfoncement architectural, immédiatement au-dessus, que mesure la largeur de la coursière.

Cette construction est augmentée, en plusieurs endroits du transept comme aux angles de la contre-façade, par l'existence d'un second jeu de même type entre dimension peinte de la profondeur et profondeur architecturale. La coursière y est abritée par une galerie, ou plutôt par la superposition de deux galeries, chacune de statut spatial différent.

La première (fig. 4) consiste en une série de colonnes rondes, dont les chapiteaux sont surmontées d'arcatures. Au-dessus de ces arcatures s'étend un pan de mur qui prolonge la portion basse avancée. Sur ce pan est *peinte* une seconde galerie, de dimensions plus réduites : des demi-colonnes à section carrée y sont surmontées par le même type d'arcatures. Le jeu de superposition entre cette demi-galerie fictive et son homologue dans l'espace architectural est complété par la présence, dans les deux registres, de figures peintes, qui représentent des anges et archanges. Dans la galerie inférieure, ces figures sont peintes en pied et grandeur nature sur le mur du fond de la coursière. Coupées par les colonnes qui bordent la galerie, elle apparaissent comme situées derrière elles. Dans la galerie supérieure, les figures, peintes à mi-corps, occupent l'intégralité du champ des entrecolonnements. La superposition des deux galeries croise donc la ressemblance homogène des figures peintes, et la ressemblance hétérogène des deux lieux, l'un produit de l'espace architectonique, l'autre de son imitation par des moyens picturaux. Cette opération a pour résultat moins l'annulation de l'un au profit de l'autre que la création d'un mode mixte, qui trouve son unité dans son mode de présence pour un regard mobile. La profondeur du lieu y est à la fois éprouvée et produite fictivement, différents degrés assurant la circulation entre pôle architectonique et fiction picturale.

C'est cette création, due à l'atelier de Cimabue, que s'emploient à perfectionner les ateliers de peintres, peut-être romains, peut-être giottesques, qui oeuvrent aux alentours de la contre-façade. On y retrouve la même superposition d'arcades appartenant à l'architecture du bâtiment et d'arcades peintes abritant des figures en pied. Mais là où les bases des colonnes cimabuesques étaient figurées en fonction d'une vue latérale du haut vers le bas qui, une fois démonté le pont des peintres, entre en contradiction avec toute possibilité de regard, sinon depuis la coursière opposée, les bases des colonnes peintes de la contre-façade sont figurées pour une vue de bas en haut : elles intègrent le point de vue d'un regardeur situé au sol et parcourant l'église. (fig. 5)

Ce changement dans le travail sur les points de vue est également perceptible dans la réalisation des corniches peintes. Dans la partie exécutée par l'atelier cimabuesque, leur registre est divisé en deux séries de direction opposée : partant du centre de l'abside, elles présentent les corbeaux en vue latérale, à angle constant, orientés d'un côté vers la gauche, de l'autre vers la droite. Elles déterminent donc deux trajets symétriquement opposés, du fond de l'abside vers la nef, en passant par chacun des transepts. A l'opposé, dans la nef, l'orientation des encorbellements s'effectue à partir d'une vue frontale du centre de chaque baie, selon des angles qui s'ouvrent progressivement en direction opposée à mesure que le regard se porte vers son extrémité. (fig. 1) Les trois scènes à chaque fois représentées sont donc proposées à un regardeur suppposé *à l'arrêt*, à quelque distance du mur au centre de la baie.

Faut-il voir là un progrès dans la prise en compte du point de vue de la perception optique ? Il faut se garder de linéariser à l'excès la situation. La direction constante de l'encorbellement cimabuesque, tout en suffisant à l'indication peinte de la profondeur, constitue un excellent marqueur de direction de parcours, à certains égards plus efficace que le système en vigueur dans la nef. De manière générale, un des traits les plus frappants des techniques picturales de construction du lieu expérimentées à Assise, puis ailleurs au tournant des Duecento et Trecento, est le refus d'*arrêter* un point de vue optique unique et immobile, et cela au moment même où la peinture revendique de donner à voir des lieux dans toutes leurs *différences*, qui incluent la dimension de la profondeur.

Il faut alors se garder de replier trop vite l'une sur l'autre la production peinte d'effets de profondeur et celle d'un point de vue unique du regardeur, assigné par un calcul géométrique précis. Si les moyens de la première résident nécessairement dans l'exhibition d'indices d'un trajet directionnel du regard vers l'objet représenté, elle est d'abord pensée dans le cadre de la production d'un lieu spacieux appartenant à un parcours plus vaste, parcours qui n'est jamais absent de l'horizon du regardeur. Autrement dit, c'est dans l'affirmation simultanée *et* d'une différence, ou déhiscence, entre l'espace architectonique et son imitation peinte, *et* de la ressemblance qui s'y loge, qu'insiste le concept d'un lieu à la fois spacieux et pluriel. Lorsque cette déhiscence prétendra être entièrement réduite, comme à partir du XVe siècle, dans des systèmes qui visent le trompe-l'oeil, et dont l'efficace, pour s'exercer, assigne une place unique et ponctuelle au regardeur, on entrera dans une configuration inassimilable à celle qui prévaut au tournant du Trecento.

On retrouve cette déhiscence lorsque l'on passe de l'appareil décoratif de l'édifice aux scènes proprement dites qu'il abrite. Au contraire en effet des anges, saints et prophètes qui occupent des portions de cet appareil, le champ pictural des scènes n'est pas immédiatement articulé à l'architecture peinte qui l'abrite. Il en est séparé par des bandes de couleur simples ou doubles, elles aussi héritées du passé romain, qui lui interdisent d'apparaître comme la continuation directe de l'appareil architectural. (fig. 1)

Malgré cela, la production du lieu dans l'expérience de ses dimensions, et dans le cadre d'une région elle aussi spacieuse mais hétérogène, reste la règle dans le champ propre des *historiae.*[15] C'est ce que montrent les transformations assisiennes du champ pictural, toutes dirigées vers la construction de lieux spacieux, grâce d'une part à la réalisation de *boîtes locales*[16] productrices d'effets de profondeur et de relief, d'autre part au règlement de la mesure de ces boîtes sur la profondeur nécessaire aux mouvements des figures humaines (les *imagines*) impliquées dans la présentation de l'*historia.*

Le premier exemple de cette construction neuve du lieu dans le champ pictural est fourni par les deux scènes de l'histoire d'Isaac, *Jacob reçoit le droit d'aînesse* (fig. 6) et *Isaac repousse Esau* (fig. 7), peintes dans l'une des baies au-dessus de la *Légende de saint François.* L'action y prend place dans une *boîte locale* qui envahit la presque totalité du champ pictural : la chambre d'Isaac, figurée sous forme d'une *loggia* à colonnettes typique de l'architecture romaine contemporaine. Les angles sous lesquels sont figurés les murs latéraux, la petite fenêtre qui occupe le haut de celui de gauche, les caissons du plafond, les chapiteaux et bases des colonnes et enfin le banc situé devant le lit, impliquent tous une récession vers la droite : c'est *derrière* le décor de marbre qui détermine le bord du plan frontal que prend place la scène. Le caractère sculptural des figures, qui, à travers l'influence souvent notée d'Arnolfo di Cambio[17], renvoie à la statuaire antique classique, les jeux de la lumière sur leur visage et leur vêtement, qui en augmentent le relief, accentuent chacun l'effet de profondeur intimé par la construction de l'architecture peinte. On a ici affaire à un authentique *spatium.*

En même temps, les effets de profondeur n'ont pas pour objet d'illimiter un espace. La spaciosité est limitée par l'étroitesse des murs latéraux de la *loggia* comme par la tenture qui, placée de part et d'autre du lit, restreint l'espace de la scène à une alcôve. Tout se passe comme si, une fois créé un lieu spacieux pour l'action des protagonistes, son amplification perdait toute raison d'être.

La *position* de la boîte locale dans le champ pictural en est un autre indice : la *loggia* où prend place la scène n'occupe en effet pas la totalité du champ défini par les bandes qui séparent les différents panneaux : dans le mince filet bleu qui l'entoure, on reconnaît le reste du champ bleu sur la surface duquel étaient peintes les *imagines* des fresques antiques et paléo-chrétiennes, champ auquel Giotto restituera son ampleur dans les peintures de la chapelle Scrovegni à Padoue. Cette distinction matérielle entre boîte locale et champ pictural a plusieurs fonctions : tout comme les bandes plates qui l'entourent, elle établit un champ propre des scènes, distinct de l'appareil architectural qui les englobe. Elle distingue ainsi la spaciosité propre du lieu, à l'intérieur de ce champ, de son rôle de place dans la série narrative. Enfin elle permet de définir, *en négatif,* un second lieu spacieux dans le champ pictural : dans la seconde des scènes de l'histoire d'Isaac, est peinte à l'extérieur de la *loggia* la figure, aujourd'hui presque entièrement effacée, d'un Jacob littéralement *expulsé* de la construction peinte à gauche. La présence d'une boîte locale dans le champ pictural transforme la fonction du fond bleu, qui de surface opaque devient espace atmosphérique. Giotto utilisera bientôt le procédé à Padoue dans les *histoires de la Vierge,* avec des scènes comme *Joachim chassé du temple* (fig. 8).

C'est cette construction d'un lieu à la spaciosité limitée que les plus grands des peintres du début du Trecento chercheront à démultiplier à l'intérieur du champ pictural. En témoigne la complexification progressive du travail de Giotto, que l'on pourrait aisément décrire comme l'art de multiplier dans le champ pictural des boîtes locales distinctes et variées. De la chapelle Scrovegni aux derniers travaux florentins, comme le *Festin d'Hérode* de la chapelle Peruzzi à Santa Croce (fig. 9), l'art giottesque réside dans la construction, à l'aide des boîtes locales, de lieux picturaux définis en termes de spaciosité architecturale. Mais il réside aussi dans la transformation de l'intégralité de ce champ, qui, virtuellement doté de volume, y compris à l'extérieur des boîtes qui en occupent telle ou telle section, devient un *spatium*, au même titre que l'espace architectonique qu'il vient décorer.

Ce *spatium* possède une ampleur limitée, Il ne s'agit ni de percer le mur et de faire oublier la présence de la construction architectonique, ni de « distendre l'âme » en lui imposant de parcourir des espaces démesurés. Il s'agit plutôt de permettre au regard d'occuper le lieu *visuel* qui lui est présenté, sans pour autant l'enfermer dans l'unicité d'un point de vue. On notera alors l'équivalence fonctionnelle qui s'établit entre le champ pictural ainsi conçu et l'architecture qui l'abrite. Tous deux deviennent une *région pour les lieux*, zone spacieuse où cohabitent des points de vue à la fois hétérogènes et reliés les uns aux autres par la déambulation du regardeur.[18] C'est à cette aune que l'on mesurera les programmes peints monumentaux du Trecento, et non par rapport à l'écart qu'ils entretiendraient avec un idéal perspectif qui ne sera défini qu'un bon siècle plus tard.[19]

Je conclurai en invoquant brièvement ce qu'annonçaient le titre de cet exposé et ma critique des propos de Hans Belting : les rapports de la construction picturo-architecturale d'un système de lieux spacieux avec le registre du verbe.

Une des caractéristiques de ce système est en effet la constance de son élaboration à partir d'un matériau verbal, matériau dont la présence est attestée de multiples manières.

La première d'entre elles est celle qui – au moins en apparence – remet le moins en question la forme narrative que prennent les images. Il s'agit du fait que les scènes présentées sont conçues à partir de récits, parlés ou écrits. La trace de ces récits peut consister dans l'inscription matérielle de mots dans ou autour de l'image, comme avec les *tituli*, ces *titres* ou légendes qui décrivent la scène présentée, et qui sont eux-mêmes le fruit d'un travail d'écriture et de sélection d'un matériau antécédent. On peut ainsi malaisément repérer, sous chacune des scènes des *Histoires de saint François*, les lettres à demi-effacées d'une série de légendes, qui décrivent par écrit l'épisode peint. Ces *tituli* condensent le texte de la *Legenda major*, l'une des trois biographies officielles du saint, à partir duquel les peintres ont élaboré la composition des scènes.[20] La trace du verbe s'inscrit également à même la composition picturale, dans l'élaboration visuelle de caractéristiques et détails à l'origine portés par un texte. En témoigne par exemple la mention, dans un contrat passé par Pietro Lorenzetti, du paiement de la traduction du latin à l'italien de la vie du saint que le peintre devait mettre en images.[21] Ce fait n'implique pas que Lorenzetti ait ensuite transcrit point par point le texte ainsi traduit, mais il montre le caractère indispensable du passage par le texte. Celui-ci était, en dehors de la question propre de son autorité ecclésiale, une ressource importante du processus d'invention visuelle à l'origine de la composition picturale.

D'autres indices de cet entrelacs entre verbe et image résident dans le croisement de lectures programmé par la grille de composition des scènes. Les fresques de Giotto à l'Arena (fig. 2) en fournissent l'exemple. Ordonnées autour des murs par le sens de la narration, elles commencent avec les *histoires de la Vierge,* dans l'ordre de leur chronologie narrative, et se poursuivent avec les *histoires du Christ,* l'ensemble étant encadré, à son début par l'Annonciation, qui fait office de charnière entre les deux séries, et à son terme par le Jugement dernier. Mais une seconde ordonnance, non-narrative, est mise en place par des correspondances verticales entre fresques qui débordent l'une et l'autre séries. Divers registres de ressemblance, formelle, allégorique ou de couleur, établissent des relations conceptuelles entre chaque couple vertical de scènes, attirant l'attention sur des « parallèles » indépendants de l'ordre proprement narratif des peintures. Ces parallèles ne se laissent pas reconduire au pli exégétique entre Ancien et Nouveau Testament, qui permettait de penser les événements relatés dans le premier comme la préfiguration de ceux que relate le second. Ils appartiennent en effet tous au Nouveau Testament et aux textes apocryphes qui s'y rattachent. Ils ont pour plus vaste fonction de matérialiser dans l'image un certain nombre de pensées virtuelles touchant le matériau mémorial présenté. On a ici affaire à une véritable machine d'invention *picturale.*

Je mentionnerai encore rapidement, pour mémoire, un trait présent dans d'autres fresques du premier Trecento : l'inscription presque hallucinatoire de jeux de mots dans un champ apparemment tout entier voué à la visibilité. Un exemple en est donné par la figure de la *Concorde* dans le *Bon Gouvernement* (fig. 10) d'Ambrogio Lorenzetti, où un jeu d'assonances entre *Concordia* et *cum corda* – « avec une corde » – rend compte de la teneur visuelle de l'image : on y voit l'allégorie de la Concorde tenir à la main une corde qui passe ensuite entre les mains des citoyens siennois qui défilent devant elle (fig. 11). Autre exemple : le

Triomphe des dominicains peint par Andrea Bonaiuti dans la Chapelle des Espagnols du couvent de Santa Maria Novella à Florence. La présence de dalmatiens à la robe blanc cassé et marron (fig. 12) y est la trace visuelle du surnom de « chiens du Seigneur » (*domini canes*) que se donnaient volontiers les dominicains. Viennent ainsi s'inscrire dans l'image un jeu de mots, le concept d'amour fidèle qu'il figure mémorialement, en même temps que leur oubli possible par un regard méconnaissant.

J'ai mentionné ces exemples pour montrer à quel point, au moment où l'inscription directe de la figure des mots dans l'image tend à se raréfier, et au moment où cette même image se constitue comme *scène* visuelle spacieuse, le registre verbal, loin de s'absenter, se dissémine au contraire dans le registre de la visualité.

J'ai parlé en commençant de l'« inquiétante étrangeté » des œuvres ici considérées, c'est-à-dire en fin de compte d'un certain pouvoir de fascination. Ce pouvoir n'est pas dû, comme certains ont trop longtemps voulu le croire, au caractère balbutiant d'une peinture vouée sans le savoir encore consciemment à l'unicité d'un point de vue géométrique. Il est dû plutôt à la manière dont le verbe insiste sensiblement dans les lieux qu'on lui construit, et hante les dimensions du local. Il est dû encore à la manière dont la construction spacieuse des lieux se laisse expérimenter comme indice des paroles qui y sont recueillies, et qui muettement demandent au regard de les prononcer.

NOTES

1. Cette histoire a un contre-type, développé à la fin du XVIIIe et au XIXe siècle. La vertu de Cimabue et Giotto y réside à l'inverse dans leur statut de *primitifs*. L'écart qui les sépare de la peinture de la grande Renaissance y devient positif, marque d'une spiritualité pas encore laïcisée par les rets de la théorie scientifique. Cette version primitiviste rend une certaine justice à l'originalité des conceptions des peintres du Duecento et du Trecento, en refusant de la dissoudre dans les concepts qui ont servi à l'analyse des œuvres de leurs successeurs. Mais, opposant la naïveté primitive à la maîtrise technique, un esprit simple et religieux à la sophistication d'esprits forts, elle continue de dépendre d'un débat sur la Renaissance qui déborde et aplatit les phénomènes qu'il prétend analyser.

2. Hans Belting, « The New Role of Narrative in Public Painting of the Trecento : *Historia* and Allegory », dans *Pictorial Narrative in Antiquity and the Middle-Ages, Studies in the History of Art*, vol. 16, National Gallery of Art, Washington, D. C., 1985, p.151-68.
3. Brunetto Latini, *Livre dou trésors*, I, 36.
4. Albert le Grand, « De Bono », dans *Opera omnia*, tome XXVIII, Cologne, 1951.
5. *Op. cit.*, article 2 « De arte memorandi », p. 247. Les préceptes ici traduits reprennent littéralement le texte de la *Rhétorique à Hérennius*, à l'exception des mots entre crochets, absents du texte d'Albert.
6. Albert le Grand, « Physica, lib. IV, tract. 1, de loco », chap. 2 et 7, dans *Opera omnia*, tome IV, 1, Cologne, 1987.
7. «... Brevis sive curtus locus vocatur a Tullio non proprius nec etiam minor quam imago rei depositae, sed potius in quo non distenditur anima transeundo per spatia imaginaria, sicut est campus vel civitas, sed curtus est locus, quando anima statim transvolat angulos ipsius deprehendendo imagines in eo reconditas », ibidem, p. 250.
8. Sur ce module et son histoire, voir l'article toujours fondamental d'Irving Lavin, « Illusionism in Constantinian painting », *Dumbarton Oaks Papers*, 1967, p. 99-113.
9. Il y a là à certains égards une reprise du principe de parcours linéaire qui informe la frise. Mais la ligne se fait ici sinueuse, circulant au gré des épisodes représentés à l'intérieur du panorama ou paysage. On en donnera pour exemple, pour rester dans le XIVe siècle italien, la représentation de la contrée siennoise dans le *Buon Governo* d'Ambrogio Lorenzetti, ou encore le *Trionfo della morte* de Buffalmacco à Pise.
10. Voir *Rhétorique à Hérennius*, III, xvii, 30.
11. En témoigne le contraste entre les quatre « styles » identifiés dans la peinture pompéienne : aux deux premiers, qui font de l'appareil peint le prolongement direct du lieu architectural, s'opposent les troisième et quatrième styles, qui tendent à dématérialiser le mur, jusqu'à l'effacer, par la linéarisation des éléments architecturaux comme par l'accroissement et l'indétermination de l'espace fictif dans les scènes représentées.
12. Cf. H. Belting, « Assisi e Roma, risultati, problemi, prospettive », dans *Roma. Anno 1300*, Rome, 1983, 93-101.
13. Cf. J. T. Wollesen, « Perduto e ritrovato : una riconsiderazione della pittura romana nell'ambiente del papato di Niccolo III (1277-1280) », dans *Roma. Anno 1300*, cit., I, p. 343-53.
14. Cf. Pierre Héliot, « La filiation de l'église haute à Saint-François d'Assise », *Bulletin monumental*, 1968, p. 127-40. L'analyse qui suit, même si elle s'en écarte sur de nombreux points, n'existerait pas sans le chapitre consacré par John White à la basilique d'Assise dans son *Naissance et renaissance de l'espace pictural*, trad. Catherine Fraixe, Adam Biro, 1992, Paris.
15. L'insistance des pages qui précèdent sur ce qui pour un moderne apparaît au premier abord comme périphérique ne découle pas d'un désir de mettre entre parenthèses ce qui demeure la raison d'être du projet, à savoir la production d'*historiae* en peinture. Mais l'établissement des conditions pratiques de la production du lieu *dans* les *historiae* est impensable sans celui, préalable, de la région architecturale mixte où elles viennent s'inscrire.
16. En forgeant l'expression de « boîte locale », je fais ici référence à l'expression

de « boîtes d'espace » [*Raumkasten*] employée par Erwin Panofsky à propos du placement de la sculpture gothique classique et de la peinture de Giotto et Duccio (Cf. *La perspective comme forme symbolique*, trad. sous la direction de Guy Ballangé, Minuit, Paris, 1975, p. 115 et sqq.), mais détachée des connotations perspectivistes et néo-kantiennes qu'implique chez lui le concept d'espace.

17. Voir en particulier A. M. Romanini, « Arnolfo all'origine di Giotto : l'enigma del maestro d'Isacco », *Storia dell'arte*, LXV, 1989, p. 5-26.

18. L'amplitude des points de vue dans cette *région* varie selon la grandeur de l'édifice. L'organisation d'un *point de vue arrêté* dans chacune des baies d'Assise, étant donné leur nombre – quatre – et la longueur de la nef, n'annule pas la perception d'un parcours. Elle en organise plutôt les étapes. A Padoue, le système est beaucoup plus centralisé, car les dimensions de la chapelle Scrovegni, et celle des fresques, réclament une moindre mobilité corporelle. Malgré cela on est loin du « point de vue unifié » qu'ont pu croire y déceler certains historiens d'art. Pour Giotto vaut encore le conseil prodigué par Virgile à Dante dans la *Divine Comédie* : « N'arrête pas ta pensée en un lieu ». («non tener pur ad un loco la mente », Purgatoire, X, 46).

19. Il existe certes, lorsqu'on s'écarte des projets les plus neufs de la période, des réalisations qui imitent des détails ou des modules de composition de la nouvelle peinture sans en intégrer la logique. Elles sont la preuve ultime que ce qui est en danger de ne pas être compris par les peintres n'est pas une technique de construction du champ pictural encore à inventer. C'est un mode neuf de construction des images et de leurs lieux.

20. Voir Alastair Smart, *The Assisi problem and the art of Giotto*, Oxford, 1971, Appendix, p. 263-93.

21. «Ancho lib. LXXXX a maestro Petro Lorenzi dipegnitore, i quali li demo in trenta fior : d'oro per la prima paga de la dipignitura de la tavola di sancto Savinio che die avere. Anco 1 lib. a maestro Ciecho de la gramatica che trasse la storia di sancto Savinio in volgare, per farla ne la tavola », cit. par G. Milanesi, *Documenti per servire alla storia dell'arte senese*, Sienne, 1854, notice no. 39, note p. 194.

1. Assise, basilique supérieure, mur de la nef, *Histoires de saint François.*
Cliché du Fonds d'Archives Photographiques Alinari-Florence. © Giraudon-France

2. Padoue, Chapelle des Scrovegni (ou de l'Arena), intérieur.
Cliché du Fonds d'Archives Photographiques Alinari-Florence. © Giraudon-France

3. Assise, basilique supérieure, transept nord, Cimabue, *Histoires de saint Pierre,* coursière et galerie. Cliché du Fonds d'Archives Photographiques Alinari-Florence. © Giraudon-France

4. Assise, basilique supérieure, galerie, Cimabue, *Archanges.*
Cliché du Fonds d'Archives Photographiques Alinari-Florence. © Giraudon-France

5. Assise, basilique supérieure, décor de la contre-façade.
Cliché du Fonds d'Archives Photographiques Alinari-Florence. © Giraudon-France

6. Maître d'Isaac (Arnolfo di Cambio ?), *Jacob reçoit le droit d'aînesse,* Assise, basilique supérieure, nef.
Cliché du Fonds d'Archives Photographiques Alinari-Florence. © Giraudon-France

7. Maître d'Isaac (Arnolfo di Cambio ?), *Isaac repouse Esaü,* Assise, basilique supérieure, nef.
Cliché du Fonds d'Archives Photographiques Alinari-Florence. © Giraudon-France

8. Giotto, *Joachim chassé du temple,* Padoue, Chapelle des Scrovegni.
Cliché du Fonds d'Archives Photographiques Alinari-Florence. © Giraudon-France

9. Giotto, *Le festin d'Hérode*, Florence, Santa Croce, chapelle Peruzzi.
Cliché du Fonds d'Archives Photographiques Alinari-Florence. © Giraudon-France

10. Ambrogio Lorenzetti, *Le Bon Gouvernement*, Sienne, Palais communal (détail : la Justice).
Cliché du Fonds d'Archives Photographiques Alinari-Florence. © Giraudon-France

11. Ambrogio Lorenzetti, *Le Bon Gouvernement*, Sienne, Palais communal (détail : la Concorde).
Cliché du Fonds d'Archives Photographiques Alinari-Florence. © Giraudon-France

12. Andrea Bonaiuti, *Le triomphe des dominicains* (détail),
Florence, Santa Maria Novella, Chapelle des Espagnols.
Cliché du Fonds d'Archives Photographiques Alinari-Florence. © Giraudon-France

CHRISTIAN JACOB
Lieux de la carte, espaces du savoir

SOIT LE CONSTAT INITIAL que de l'information peut être encodée dans des lieux – réels, graphiques, discursifs ou mentaux – et que le parcours (physique, visuel, mental) reliant ces différents lieux produit des effets intellectuels qui excèdent la signification des éléments isolés. De tels dispositifs permettent de fixer et de transmettre des connaissances. Ils sont aussi le point de départ d'un processus herméneutique, car le destinataire doit s'appliquer au déchiffrement et à l'actualisation des potentialités didactiques de ces ensembles de lieux. Les arts de la mémoire, puisque c'est d'eux dont il est question ici, sont à la fois une pratique éminemment individuelle et une technique socialement élaborée. Ils font l'objet d'un apprentissage et d'une codification, ils sont exposés dans des manuels spécialisés. Ils ont une valeur instrumentale dans différents champs, comme la rhétorique ou les pratiques de méditation étudiées par Mary Carruthers dans les milieux monastiques du Moyen âge[1]. Les arts de la mémoire sont aussi un instrument pour structurer du savoir, pour rendre des connaissances mobiles et transmissibles, opérationnelles et efficaces. Mais on ne peut réduire leur pouvoir à la restitution pure et simple de savoirs préexistants, sans que ceux-ci ne soient transformés, voire construits dans le processus de leur encodage, puis de leur réactivation. Le fait de mobiliser des connaissances particulières parmi des milliers d'autres possibles, implique des opérations actives de sélection, de mise en forme et d'articulation. Tout indique que les pratiques culturelles régies par la mnémotechnique comportaient une part active d'invention et de création, et jouaient un rôle essentiel dans la structuration de cadres mentaux, de grilles globales d'appréhension du monde. L'art de la mémoire donne ainsi à la mobilisation du savoir une dimension performative : l'individu qui pratique cette technique ne reproduit pas simplement un savoir qui lui serait extérieur, il le construit et le génère.

Ma réflexion portera sur certaines de ces formes d'activation du savoir par des individus qui maîtrisent les techniques de la mémoire artificielle : création de liens hypertextuels, déclinaison de la chaîne des références et des référents, jeux de l'analogie, condensation et expansion de la connaissance. Une pratique individuelle et personnelle, un « braconnage » dans un système imposé, similaire à la lecture d'un texte telle que l'analyse Michel De Certeau[2], mais encadrée par un système de règles et de critères de pertinence culturelle qui sélectionne les objets de savoir, les hiérarchise et les rend opératoires.

La question que je voudrais élaborer ici est celle de l'impact de la cartographie sur les manières de penser et de mobiliser de la connaissance. A la base des arts de la mémoire se trouve un système de lieux mentaux, qui peuvent être aussi des lieux matérialisés – répartis dans l'espace d'une architecture ou d'une image. Dans ces lieux sont encodés des images qui permettent de réactiver des contenus de savoir (arguments, phrases d'un discours, étapes d'une méditation religieuse...) lors d'un parcours mental, visuel ou physique.

Quintilien (Ier siècle de notre ère) suggère la diversité des espaces qui, pour un Romain, pouvaient fournir l'armature d'un système de lieux de mémoire : « Ce que j'ai dit de la maison peut aussi se produire dans des ouvrages publics, dans un long voyage, dans le circuit des villes et dans des tableaux »[3]. *Longum iter* : s'agit-il d'un voyage réel, par terre et par mer ? Ou du parcours intellectuel de qui voyage en esprit et recompose son itinéraire en imagination, ou en regardant une carte ? Dans l'un et l'autre cas, le voyage offre un fil conducteur linéaire et réversible, mais contraignant, qui relie une succession de lieux. Le voyage fournit simultanément les lieux et le principe de leur parcours.

Entre les *picturae* et le *longum iter*, il est remarquable que Quintilien n'ait pas cité les cartes géographiques – *formae orbis* ou *orbis picta*. La cartographie offre pourtant un dispositif cohérent et construit, composé d'une hiérarchie d'espaces emboîtés et juxtaposés, depuis les grandes entités continentales ou régionales jusqu'aux découpages territoriaux internes et aux points atomiques du local. Elle constitue un dispositif à la fois arborescent et compartimenté, qui comporte de multiples options d'encodage mnémotechnique : soit un parcours linéaire et rhapsodique (qui relie des points entre eux), soit un parcours qui se déploie verticalement, entre les différents niveaux hiérarchiques d'organisation territoriale, ethnique ou nationale et peut ainsi prendre la forme d'un arbre aux multiples embranchements, depuis un palier supérieur jusqu'aux extrémités de l'arborescence. Les lieux articulés sur la surface de la carte, par ailleurs, permettent également le déploiement de plusieurs étages de signification et de savoir, autant de discours d'espaces à la fois intimement liés et se prêtant à des lectures et des parcours autonomes. La carte opère ainsi des mises en ordre du savoir selon des principes unidimensionnel (la ligne du parcours simple, du *longum iter*, qui déploie une succession d'étapes entre un point de départ et une destination), bidimensionnel (un espace plan) et tridimensionnel (un dispositif arborescent, dont chaque étage peut être parcouru de manière autonome).

La carte est à la fois principe structurant et savoir structuré. Elle met en abyme le processus mnémotechnique, dans la mesure où elle est un dispositif de lieux fixant un savoir sur le monde (non seulement la géographie *stricto sensu*, mais aussi un savoir qui peut être d'ordre métaphysique, cosmologique, anthropologique). La carte est un objet conventionnel : signe de reconnaissance, elle renforce le sentiment d'appartenance à une communauté, le sentiment de partager des codes de représentation, une vision du monde et les valeurs, l'idéologie qui la sous-tendent. La cartographie présente avec les arts de la mémoire des affinités structurelles. Elle est un système réticulé de lieux, s'offrant à des parcours visuels et imaginaires. Ces lieux sont à la fois des lieux de l'espace réel et, par le biais du rapport analogique qui est au principe de la cartographie, des points d'ancrage et de cristallisation de tout le savoir qui s'y rapporte (savoir historique, géographique, ethnographique, mythique...), c'est-à-dire des lieux abstraits, pris dans une organisation réticulaire, disponibles pour des formes multiples d'investissements sémantiques. Il reste à entreprendre une histoire culturelle de la cartographie, non seulement en Occident, mais aussi dans les sociétés non-européennes, qui pourrait mettre en évidence les multiples facettes de l'efficacité intellectuelle et spirituelle des cartes[4]. L'histoire des liens entre cartographie et arts de la mémoire, en particulier, reste à écrire.

En prémisse à un tel projet, je voudrais examiner deux dispositifs singuliers, où les lieux de la carte organisent un espace de savoir et impliquent des modes de déchiffrement et d'amplification spécifiques, qui permettent la réactivation d'un savoir encyclopédique. Deux « cas de figure », qui me conduiront du monde gréco-romain aux premières cartes de la Lune au XVIIe siècle.

PARCOURS SUR UNE CARTE MENTALE : OPÉRATIONS INTELLECTUELLES ET TECHNIQUES DE LA MÉMOIRE

Alexandrie, IIe siècle de notre ère, sous le règne de l'empereur Hadrien (117-138). Un certain Denys rédige un manuel didactique de géographie versifié, intitulé « Périégèse [ou : Description] de la Terre habitée »[5]. Dans la langue artificielle et obscure de la poésie hellénistique, truffée d'archaïsmes et de mots rares, Denys adapte l'image du monde de la cartographie alexandrine au format d'une description littéraire, sans recourir au dessin ni à la mesure. La carte d'Eratosthène (deuxième moitié du IIIe s. av. J.-C.) est redessinée par un discours poétique qui en suit les grands découpages et parfois la géométrisation. Denys emprunte la forme générale de la terre et certains axes fondamentaux au stoïcien Poseidonios, procédant ainsi à la superposition de deux images du monde différentes. Il réemploie aussi des pans plus anciens du savoir géographique grec, avec un éclectisme apparent qui fait de cette image de la terre un *patchwork* composite. Ce tour du monde littéraire est en fait le survol d'une carte immatérielle, qui se construit graduellement dans l'imagination du lecteur. Le texte oscille constamment entre la forme d'un itinéraire, qui enchaîne une succession de lieux et de peuples au fil d'un parcours au rythme soutenu, par voie de terre et de mer, et la carte mentale, qui invite le lecteur à visualiser en esprit les formes décrites et à procéder progressivement à leur assemblage (figure 1).

Il y a ainsi un rapport structurel entre, d'une part, la linéarité et la temporalité du poème, ces 1187 vers scandés par le rythme des hexamètres dactyliques, que l'élève devait apprendre par cœur, et, d'autre part, la construction mentale d'une image, qui doit correspondre, à la fin du poème, à la carte d'ensemble de la terre habitée.

Ce n'est pas le lieu d'explorer dans toutes ses implications le contexte rhétorique et philosophique qui légitimait le pouvoir visuel de la description et de la possibilité de visualiser dans son esprit des images ou même des scènes animées en écoutant ou en lisant un texte[6]. Je ne m'attacherai pas non plus au détail discursif, dans le texte de Denys, de la construction de la carte mentale. Je mettrai simplement en rapport certains aspects de cette construction avec les techniques de la mémoire.

Denys invite à plusieurs reprises son lecteur à regarder. Il lui impose des points de vue et lui fait découvrir des paysages, soit selon la perspective d'un voyageur qui voit l'horizon reculer devant lui, mais en même temps limiter son champ visuel, soit selon la perspective aérienne d'un voyage en esprit au-dessus du monde. C'est la force suggestive de la description qui délocalise le lecteur (ce « tu » qui énonce à son tour le texte, lorsqu'il le récite et assume la 1ère personne grammaticale mise en scène dans le texte) et en fait le moteur de la description, celui qui voyage et qui voit. La vision de Denys, lui-même transporté par l'intellect des Muses au-dessus de la terre, est transitive et passe du maître à l'élève.

Un texte me paraît emblématique de ce projet[7] :

> « Maintenant, je te dirai (*muthésomai*) l'apparence (*eidos*) de la terre continentale tout entière, afin que, sans l'avoir vue, tu en aies une vision clairement exprimable (*euphraston opôpèn*) ».

Chaque terme du texte grec mériterait un commentaire : comment un « mûthos » peut-il exprimer un « eidos », une apparence, comment sans avoir vu la terre par le regard empirique peut-on néanmoins en avoir une vision « euphrastos », clairement exprimable, organisée par le langage, après avoir écouté la leçon de géographie ? Comment construire une image mentale à partir d'un discours, sans la médiation d'une carte ?

A plusieurs reprises, Denys invite son lecteur à « considérer » (*phrazein*) des spectacles qu'il est impossible de voir dans le monde réel : la mer Egée et l'Europe, les fleuves du Pont, l'Asie à partir de la Syrie, l'Inde. Il s'agit d'un processus complexe, où la clarté même de la vision et son efficacité intellectuelle dépendent des propriétés logiques et linguistiques de l'énoncé qui la véhicule. Car ni Denys ni son lecteur ne s'arrêtent au survol des paysages terrestres, comme dans les rêves aériens analysés par Artémidore dans son *Onirocritique*. Ici, on voit un espace déjà organisé et structuré par le langage, découpé en régions nommées, un espace construit par une description qui le rend pensable et dicible, au même titre que les lignes des méridiens et parallèles tracées par le cartographe.

La mémoire joue ici un rôle essentiel. En premier lieu, parce que l'image cartographique se construit progressivement dans l'esprit. Elle peut à la rigueur être projetée sur un dessin qui illustrera le texte, en accompagnera la lecture et en changera par conséquent l'efficacité et la perception[8]. Il y a un processus cumulatif où les grands repérages structurels, les formes géométriques, les formes métaphoriques permettant de visualiser de grandes régions terrestres vont se juxtaposer les unes aux autres jusqu'à composer un tout, par additions et ajustements successifs. La construction de cette image globale est opérée par le langage, par la linéarité d'une description qui en décompose les étapes.

Ensuite parce que cette description était elle-même apprise par cœur. L'apprentissage était facilité par le style formulaire et le rythme hexamétrique d'un poème qui imitait nombre des traits formels de l'épopée homérique et de la poésie didactique archaïque (Hésiode), mais aussi de la poésie alexandrine du IIIe siècle avant J.-C. (Callimaque, Apollonios de Rhodes). Ce jeu d'imitation stylistique inscrivait d'emblée le poème dans un réseau de réminiscences littéraires qui pouvaient être identifiées comme telles par les lecteurs qui en connaissaient les clés, les textes de référence, en particulier les élèves des écoles du monde gréco-romain. De la description de la forme globale de la terre et du périple de l'Océan et des mers intérieures jusqu'aux rivages extrêmes de l'Inde, les 1187 vers du poème conduisent le lecteur dans un voyage où les lieux s'enchaînent selon des axes de parcours réels ou purement intellectuels le long de parallèles et de méridiens, voire de zones climatiques[9]. Le voyage était à la fois l'objet et l'instrument de la mémorisation.

On voit ainsi coexister dans un même texte une mémoire phonétique et littérale, qui vise à maîtriser un enchaînement de vers homologues par leur structure métrique et une nomenclature géographique sous la forme d'un catalogue régi par la logique des contiguïtés spatiales (on progresse d'ouest en est, en suivant un rivage, une chaîne de montagnes etc), et une mémoire visuelle qui, de la description, extrapole des formes, des rapports de proportion, des jeux d'orientation pour parvenir *in fine* à une image d'ensemble – la carte de la terre habitée.

Le texte articule donc deux formes d'espace, l'une et l'autre régies par la linéarité et la non-réversibilité du langage : mais là où l'une respecte le principe de la succession des lieux le long d'un itinéraire dans la nomenclature géographique, l'autre procède par l'extrapolation des mots aux choses, du mot « triangle » à la forme du triangle, du mot « feuille de platane » à la forme de la feuille de platane, du mot « peau de bœuf » à la forme de la peau de bœuf, du mot « fronde » à la forme de la fronde, et s'efforce d'assembler en un tout ces objets hétéroclites, où les formes abstraites se mêlent aux formes empiriques. Il y a une tension dialectique entre, d'une part, un espace parcouru et investi par la narrativité d'un « tour du monde », avec ses péripéties et son rythme propre et, d'autre part, un espace géométrisé et schématique, un assemblage de formes emboîtées, de cases juxtaposées, espace contemplé, et non plus parcouru. D'une part, un enchaînement de visions fugitives, d'étapes qui à peine atteintes, sont dépassées, d'autre part, un espace qui se grave dans la mémoire, et s'y construit de manière cumulative et rémanente. Cette dualité recoupe en effet celle des deux modes de regard que nous avons distingués précédemment : le regard d'un voyageur, borné par un horizon, qui découvre des paysages au fur et à mesure de son avancée ; le regard intellectuel et immatériel de qui saisit dans la vision de la terre des formes régies par l'ordre, la logique du dicible (*euphrastos, phrazein*).

On peut reconnaître ici les deux modèles de la carte et du parcours, dont Michel De Certeau a dégagé la logique dans son analyse d'entretiens réalisés avec des habitants de New York auxquels on avait demandé de décrire leurs appartements[10]. Dans la catégorie « carte », l'ordonnancement des pièces est décrit de manière neutre et impersonnelle et vise à dégager une configuration topologique où les lieux sont articulés dans des rapports de contiguïté définissables. Le modèle du parcours, en revanche, dynamise le plan et le présente du point de vue d'un sujet qui s'y déplace et le pratique.

Denys mêle les deux types de description, la description de type « carte » pour les grandes entités chorographiques, et la description de type parcours qui offre le fil conducteur permettant de circuler à l'intérieur de ces grandes formes et, accessoirement, d'en baliser la construction. D'un côté, un espace schématique, sur lequel le texte ne donne pratiquement aucun repère quantitatif ou chiffré, en rendant ainsi difficile la commensurabilité (*summetria*) qui est au fondement de la cartographie. De l'autre, un espace pratiqué, où comme De Certeau l'avait souligné, l'accent est mis sur les passages, la syntaxe, les accès, les modalités du parcours et son orientation – tourner, monter, descendre (« quand on va de ... vers..., voici les lieux que l'on trouve en chemin... »).

Cette articulation d'un espace visuel, mis à distance par le point de vue surplombant et abstrait de la cartographie, et d'un espace pratiqué, qui est un parcours dans une liste orientée, n'est pas sans signification pour les arts de la mémoire. Cet espace pratiqué et bidimensionnel est fort proche du *longum iter* si allusivement évoqué par Quintilien. Il impose une orientation, une séquentialité et un ordre au voyage imaginaire qui va relier entre eux cités, territoires, toponymes et ethnonymes. La visualisation des grandes unités territoriales englobe les itinéraires et déploie un espace compartimenté susceptible d'offrir autant de lieux de mémoire.

Mais davantage que d'une opposition entre ces deux modes d'appréhension de l'espace, il s'agit d'une présupposition. La forme globale de la terre donnée dès les premiers vers du poème et la description de ses grands découpages continentaux constituent la référence implicite de l'ensemble du parcours, son cadre d'orientation, mais aussi son terme. Le voyage et la linéarité du texte permettent l'exploration des formes préalablement délimitées, la déclinaison des toponymes, puis la répartition dans ces cases des notices ethnographiques, géographiques et historiques. La carte mentale fournit le schéma d'assemblage des séquences descriptives, elle permet d'optimiser la performance mnémotechnique de la récitation du poème de Denys, en introduisant une narrativité dans la construction même de l'image, et en offrant à la fois les lieux et les figures de mémoire nécessaires à sa réactivation. En se basant sur le modèle de l'art de la mémoire évoqué par Cicéron, on pourrait aussi se demander si cette carte mentale ne fournit pas le système des lieux de mémoire où viendrait s'écrire le texte de Denys lui-même.

Le dispositif didactique est donc complexe et implique deux formes de mémoire complémentaires : l'une permet la performance de la récitation *ad verbum* du poème ; l'autre permet, au terme du processus, d'avoir gravé dans son esprit la carte de la terre.

Lorsque Denys écrit qu'il n'est pas un voyageur au sens hérodotéen du terme, et qu'il ne base pas sa description de la forme de la mer Caspienne sur le regard direct, il ajoute[11] : « Mais l'intellect des Muses me porte, elles qui peuvent, sans course errante, mesurer la vaste mer, les montagnes, la terre continentale et le chemin éthéré des étoiles ». « Sans course errante », c'est-à-dire en suivant des lignes droites et nettes, qui relient les lieux entre eux, sans répétition ni omission. Nous sommes dans l'espace d'une liste continue et non réversible.

Sans course errante, également, car la mesure est impliquée. Ces Muses qui mesurent la terre et le ciel peuvent surprendre, du fait précisément de l'absence de toute indication chiffrée dans le poème de Denys. Certes, il s'agit là d'une allusion à leur omniscience. Mais ne peut-on aussi y voir une métaphore de la poésie elle-même ? Les Muses, sans course errante, peuvent intégrer dans une forme métrique, traduire en langage poétique la mer, les montagnes, la terre continentale et le chemin éthéré des étoiles, leur imposer le fil conducteur d'une « métrique ». C'est là l'une des conditions pour réaliser un « circuit de la terre » sans se perdre.

Je vois une confirmation de cette hypothèse lorsque Denys s'apprête à décrire la mer Méditerranée et ses grandes subdivisions[12] : « Et vous, ô Muses, dites les chemins tortueux, en commençant, suivant l'ordre de l'alignement, depuis l'Océan occidental ». Comment transposer les sinuosités des contours de la géographie dans l'ordre de l'écriture où les lettres sont alignées les unes sur les autres (*stoichédon*) ou d'un texte poétique écrit en colonnes sur un rouleau de papyrus ? L'insistance de Denys sur le rôle périégétique des Muses, qui, dans son poème géographique, disent les chemins et les passages et dessinent la trace du parcours, s'explique peut-être par les conceptions mythiques de la mémoire dans la Grèce archaïque. Les Muses sont filles de Mémoire. Mémoire n'est pas la puissance du souvenir, mais celle d'un discours de vérité, qui dit ce qui fut, ce qui est et ce qui sera[13].

Ce parcours rhapsodique, qui relie les lieux entre eux, est à la fois un « tour du monde » et le cheminement d'une poésie qui utilise le voyage et la carte comme instruments de sa propre mémorisation. Mais au parcours et à la construction de la carte s'ajoutent d'autres opérations mentales, plus complexes. La géographie, en effet, n'est que l'un des savoirs véhiculés par le texte de Denys. L'apprentissage de la nomenclature des lieux et des peuples, la vision mentale des formes d'ensemble de la terre ne sont pas des fins en soi, mais élaborent eux-mêmes un cadre mnémotechnique pour d'autres objets d'enseignement : un savoir d'ordre anthropologique qui définit les composantes de la vie civilisée et les genres de vie sortant de cette norme et qui construit en outre un discours éthique et politique, offrant au lecteur une grille globale pour comprendre l'Empire romain selon les catégories culturelles de l'hellénisme ; un savoir religieux, qui s'arrête particulièrement sur les figures de Zeus et de Dionysos ; un savoir littéraire et mythographique, où le poème apparaît comme un dispositif permettant de contrôler la maîtrise d'un corpus de textes qui étaient à la base de l'enseignement littéraire.

La *Description de la Terre habitée* de Denys renferme en effet une vaste réticulation de lieux de mémoire dans lesquels, par le biais d'une analogie formelle, d'une allusion narrative, d'un nom propre ou d'un toponyme, se trouve inscrite la référence à un récit mythique, voire à un texte littéraire et à un passage précis de ce texte, dans sa littéralité. La brièveté même du poème impose une brièveté de l'allusion, une économie de la référence et une miniaturisation des signes mnémotechniques – mots ou images. Il est frappant de noter comment la technique de l'*ekphrasis*, et l'ensemble des préceptes rhétoriques, codifiés dans les manuels, qui définissent les moyens de faire voir l'objet de la description ou du récit, rejoignent les principes de l'art de la mémoire. Dans les formes latines de ce dernier, on recommande de choisir comme images des scènes très visuelles : la violence d'une altercation, un geste plein de pathos, des acteurs occupés à se costumer, avec sans doute des tissus aux couleurs vives et des masques expressifs[14]. Le théâtre est ici une référence explicite, avec ses jeux expressifs et son efficacité pathétique qui éveille la crainte et la pitié. Or ces mêmes effets pathétiques ont donné lieu, dans le monde grec, à un courant historiographique particulier, vivement critiqué par Polybe, qui s'efforçait de susciter sous les yeux du lecteur-auditeur les scènes racontées, dans toute leur force visuelle[15]. Dans la *Périégèse* de Denys, nous trouvons un certain nombre de tableaux qui, indépendamment de leurs significations propres, participent de la même recherche de l'effet : tableau du malheur des nomades Scythes, qui vivent dans le pays de l'hiver permanent, dans une infortune perpétuelle[16] ; vie misérable des nomades Africains, qui errent comme des bêtes, sans connaître les bonheurs de l'agriculture ni de l'élevage[17] ; dur labeur des forgerons Chalybes[18] ; infortune extrême des Erembes troglodytes qui vivent dans des trous, démunis de tout, comme des bêtes[19] ; monstres affreux de la mer Erythrée, qui n'hésitent pas à happer le navire et l'équipage[20].

De telles images frappantes servent de relais mnémotechniques pour la récitation du texte lui-même, incrustées dans des régions géographiques particulières – ce sont les pays des confins qui entourent le monde méditerranéen, à différentes étapes du déroulement du poème. Elles sont aussi les lieux de cristallisation de significations morales et anthropologiques, qu'il s'agisse de définir les genres de vie, de condamner la cupidité des marchands au long cours ou de donner un exemple frappant de l'inégalité des sorts dispensés par les dieux aux populations humaines. Il y a une coïncidence entre ces marqueurs mnémotechniques surdéterminés (les images pathétiques) et l'importance du message idéologique qu'il s'agit d'inculquer aux lecteurs. La lecture ou la récitation du poème appelle dès lors, comme exercice complémentaire, l'explication de ces significations et contenus de savoir allusivement encryptés.

Je m'arrêterai sur un aspect de ce dispositif, un jeu particulier de références intertextuelles entre le poème de Denys et les *Argonautiques* d'Apollonios de Rhodes, l'un des grands noms de la poésie alexandrine du IIIe s. av. notre ère. Les liens entre les deux textes sont évidents. L'un et l'autre partagent la même poétique et la même érudition. L'un et l'autre déploient une géographie purement littéraire, sans carte. Apollonios de Rhodes projette sur le monde Méditerranéen le périple des Argonautes, en quête de la Toison d'Or. La géographie est déstructurée pour s'adapter à la logique narrative d'une grande saga mythique qui conduit Jason et ses compagnons dans la Mer Noire, puis, en remontant le Danube, jusqu'à l'Adriatique, et par le Pô, jusqu'au Rhône, avant d'être détournés, par une tempête, vers le rivage Libyen, et de remonter enfin vers l'Egée. Denys, quant à lui, suit la logique d'un « tour de la terre » géographique, où l'itinéraire s'entrecroise avec l'ordre du catalogue et la construction d'une carte mentale.

On trouve chez Denys de nombreuses citations littérales d'Apollonios, autant d'indices qui ont pour fonction de raviver la mémoire d'un vers particulier, peut-être de déclencher la récitation du texte à partir de ce vers, et qui servent d'échangeurs entre les deux poèmes, entre les deux périples, celui du géographe et celui du poète narrateur des *Argonautiques*. Il s'agit d'une mémoire essentiellement auditive, à la fois phonétique et rythmique. Les techniques lettrées et érudites de la poésie alexandrine, reposant sur l'usage de lexiques spécialisés et de recueils de « glosses », s'appuyant aussi sur les pratiques de la lecture savante et du commentaire « grammatical », créent à l'ère de l'écriture et de la bibliothèque un système de contraintes formulaires, à l'image de celles qui étaient à la base de la composition dans la poésie épique orale. Mais ici, c'est une mémoire de lecteurs qui est mise à contribution. Les poètes puisent dans des textes de référence des matériaux préfabriqués aptes à être intégrés dans leurs propres créations : des objets linguistiques surdéterminés, puisqu'ils appartiennent à deux textes à la fois et invitent à lire un texte à travers un autre, comme si, par intermittence un écrit palimpseste affleurait à la surface du poème. À la mémoire de Denys, qui réemploie des séquences métriques dérivant d'Apollonios (mais aussi d'Homère, d'Hésiode, de Callimaque etc), répond celle du lecteur / récitant, lorsqu'il identifie ce jeu littéraire.

Ce tissage de liens intertextuels s'inscrit dans des pratiques lettrées, dans une culture partagée par les auteurs et leurs lecteurs. On souligne souvent la *mimésis* qui est à la base de la poétique savante des Alexandrins. Or cette *mimésis* ne constitue pas seulement un trait stylistique et générique, mais est aussi l'indice d'un protocole particulier de lecture et d'une conception spécifique de la mémoire. Au IIe siècle de notre ère, en Egypte, nous sommes encore dans un monde où les livres se présentent majoritairement sous forme de rouleaux de papyrus, qui se déroulent et s'enroulent simultanément, et où les colonnes de texte se succèdent de gauche à droite, comme les clichés sur une pellicule photographique. Il n'y a pas de pagination, les vers ne sont pas numérotés (sauf, parfois, par l'acheteur du livre qui veut vérifier que le copiste n'en a pas oublié quelques uns), il n'y a pas d'index. Comment procédaient les poètes ? Ecrivaient-ils entourés de rouleaux de papyrus déployés d'où ils extrairaient mots rares, tournures spécifiques et hémistiches ? Plus probablement, ils puisaient librement dans le stock de formules et de vers gravés dans leur mémoire. Mémoire auditive et orale, où l'on pouvait citer de mémoire un vers ou réciter un passage entier. Mémoire visuelle aussi, lorsque le poète cite des fragments de vers d'Homère ou d'Apollonios à leur position métrique exacte.

La *Périégèse* de Denys tisse une multitude de liens non seulement avec les poètes Alexandrins, mais aussi avec des auteurs plus anciens qui leur ont eux-mêmes servi de modèles, comme Homère et Hésiode. On observe chez Denys le réemploi de mots isolés, de groupes de mots, et parfois d'hémistiches, qui dérivent de ces textes antérieurs[21]. Ils peuvent occuper la même position métrique dans le vers, et parfois, Denys modifie cet ordre, introduit une variante ou change un mot, redistribue les mots clé d'une description. Il peut aussi reprendre une formule d'Apollonios, mais l'appliquer à un lieu géographique différent[22]. Ces citations tiennent lieu de marqueurs génériques, et contribuent certainement à programmer le regard des lecteurs, leur sensibilité linguistique. L'identification de la citation peut offrir la clé de l'intelligibilité du passage de Denys, lorsqu'il s'agit d'un mot rare, sorti de l'usage. Dans certains cas, ce jeu d'imitation peut être mis en abyme, par exemple lorsque Denys s'inspire de Callimaque qui lui-même citait Hésiode[23]. Il est certes difficile de comprendre pleinement les mécanismes et la finalité d'une telle pratique dont les Alexandrins eux-mêmes ne nous ont pas explicitement livré les clés. On peut se demander si cette poétique savante n'impliquait pas une dimension sociale et collective de la lecture, des pratiques ludiques où l'on s'amusait à manipuler des références littéraires, à en détourner la littéralité et la signification, à crypter les emprunts avec toujours plus d'inventivité, de manière à tromper la vigilance des lecteurs les plus avertis : sous le sens littéral, on invitait à lire ou à entendre le reflet, l'écho d'autres voix poétiques, à redécouvrir, abstrait de son contexte, extrait de sa continuité, un vers d'Homère sur lequel, d'ordinaire, la récitation de l'écolier glissait sans s'arrêter[24].

Le jeu intertextuel entre Denys et Apollonios est remarquable en ce qu'il concerne deux textes représentatifs de la culture scolaire. L'un était un manuel poétique de géographie ; l'autre un grand récit épique truffé d'érudition. Tout laisse à penser que les liens tissés par Denys avec le texte de son prédécesseur prenaient sens du fait que le public scolaire à Alexandrie au IIe s. connaissait l'un et l'autre poème et, par le biais des exercices de récitation, d'explication mot à mot et de commentaire littéraire, en avait acquis une connaissance littérale. Réciter par cœur des poèmes (*apostomatizein, apo stomatos legein*) était un exercice bien attesté dans l'éducation de la jeunesse grecque. Nikératos, l'un des convives du *Banquet* de Xénophon (vers 428-354 s. av. J.-C.), raconte ainsi que son père, pour faire de lui un homme de bien, le força à apprendre tous les vers d'Homère : il serait capable, dit-il, de réciter par cœur toute l'*Iliade* et l'*Odyssée*[25]. On pourrait multiplier les témoignages, de l'époque classique jusqu'à l'époque impériale. Des inscriptions hellénistiques évoquent les vainqueurs dans les concours scolaires de récitation de poèmes épiques, mais aussi lyriques et élégiaques.[26] Le poème de Denys était très vraisemblablement destiné à être appris par cœur, et l'auteur, en invitant son élève à bien garder son *logos* dans son esprit, suggère qu'il pourra à son tour dire à d'autres « les fleuves, la position des cités et chaque pays », c'est-à-dire se transformer en maître de géographie en récitant le texte en public[27].

La mimésis poétique n'est qu'un aspect particulier d'un phénomène plus vaste dont on saisit toute la mesure chez les prosateurs de l'époque impériale : celui d'une mémoire lettrée qui offre un répertoire de citations potentielles, de lieux discursifs pour l'ornement du discours comme pour creuser la profondeur des sens seconds. Mobilisation de souvenirs de lecture, ou usage des instruments de la tradition indirecte – recueils de proverbes, centons et autres anthologies, cette pratique de la citation témoigne de l'impact des livres, mais aussi de leurs limites, puisque c'est la mémoire qui structure le rapport aux textes, et qui les déconstruit en mots, en fragments métriques, en phrases aptes à être redistribués dès lors que le jeu intertextuel apporte un surplus de sens et de culture, et enrichit les latitudes interprétatives de la lecture[28]. La poésie alexandrine, toutefois, constitue un cas extrême : la citation n'est pas encadrée par des marqueurs rhétoriques ou énonciatifs qui la désigneraient comme telle, mais elle joue un rôle instrumental, à la fois stylistique et sémantique, dans la composition d'un nouveau poème. Une telle technique littéraire affecte le statut même de la lecture qui doit identifier une multitude de liens intertextuels sous la surface de la littéralité.

Le jeu entre Denys et Apollonios présente cependant un trait particulier, car l'interface entre les deux textes est un modèle géographique. Nous avons le même espace – la « terre habitée » – qui se prête chez les deux auteurs à deux parcours différents, à deux formes de narrativité et de parcours. La nomenclature géographique de Denys reproduit largement, mais non exclusivement celle d'Apollonios. Et on y reconnaît des lieux et des peuples secondaires, parfois disparus depuis longtemps, qui, chez Denys, ne prennent pas sens du fait de leur importance géographique, mais de leur rôle narratif dans l'économie des *Argonautiques* (comme l'obscure rivière Rhébas, qui débouche sur la mer Noire, et dont Denys répète à trois reprises le nom, ce qui a rempli de perplexité la tradition philologique moderne, mais qui s'explique par le fait qu'Apollonios le citait aussi trois fois).

Le lecteur déjà familiarisé avec les *Argonautiques* retrouvait donc dans la *Périégèse*, redistribués selon l'ordre systématique d'une description géographique, un très grand nombre des lieux qu'il avait rencontrés dans le périple mythique. Les toponymes apparaissaient dès lors comme des matrices mnémotechniques, des signes phonétiques qui pouvaient éveiller la mémoire d'un épisode particulier des *Argonautiques* ou, dans certains cas, de l'*Odyssée*. Lorsque un mot, une épithète ou une séquence prosodique étaient directement répétés d'Apollonios ou d'Homère, cela pouvait déclencher l'identification de la source imitée, et la récitation du vers, voire du passage original.

Quelle est la conséquence d'un tel dispositif? Denys reprend dans sa *Périégèse* les lieux du périple des Argonautes, tels qu'ils ont été fixés par un grand texte poétique qui lui même réemployait nombre de matériaux des traditions antérieures. Certes la continuité narrative est déconstruite, et c'est une logique d'ordre cartographique et taxonomique qui préside désormais à l'enchaînement des toponymes. Mais il appartient au lecteur de Denys de reconstituer l'espace des navigations de la nef Argo sur une carte mentale, dans un espace objectivement structuré. Il peut reconstruire l'enchaînement des étapes argonautiques déconstruit par l'ordre systématique de la géographie. La carte mentale serait ainsi l'interface entre deux types de mémoire linéaire, qui renvoient en fait à deux textes et à deux parcours géographiques différents : le parcours des Argonautes qui se déploie dans tout le monde Méditerranéen et le parcours de Denys au-dessus de l'oekoumène, qui prend la double forme d'un périple et d'un survol intellectuel autour d'un monde déjà organisé comme une carte.

L'élève pouvait basculer d'un ordre à l'autre, réorganiser cette liste de toponymes selon les principes d'un parcours méthodique de la terre habitée, continent par continent, pays par pays, ou selon la logique du récit des *Argonautiques*. Dans certains cas, on retrouve chez Denys des séquences toponymiques d'Apollonios dans leur continuité même, mais inversées, comme sur la côte orientale du Pont-Euxin[29]. La carte mentale – et peut-être les cartes réelles qui servaient de support à de tels exercices – permet de basculer d'un texte, d'un périple à l'autre. L'analyse que je viens d'esquisser à propos des *Argonautiques* d'Apollonios de Rhodes pourrait être répétée à propos de l'*Odyssée* et de l'*Iliade*. Dans sa description de la Grèce, par exemple, Denys s'inspire du fameux *Catalogue des Vaisseaux* au chant II de l'*Iliade* – sans doute le chant le plus cité chez les auteurs de l'hellénisme impérial, et objet de commentaires savants. Le texte homérique est le modèle sous-jacent, mais Denys a choisi d'inverser l'ordre du catalogue, il parcourt la Grèce en prenant à rebours le fil conducteur suivi par Homère[30]. Certes, de telles modifications sont inévitables puisque Denys réemploie constamment des séquences descriptives provenant de périples, de périégèses, et doit les intégrer dans la logique d'ensemble de son poème, dans un parcours cohérent et continu. De telles manipulations, portant sur des sources techniques et spécialisées, échappaient sans doute à la plupart des lecteurs. En revanche, retrouver la séquence homérique des cités et régions du monde grec, mais inversée, déclenchait certainement la reconnaissance du texte original, et sans doute aussi une certaine forme de plaisir esthétique devant un jeu littéraire d'autant plus virtuose que l'évocation des rivières d'Arcadie, insérée dans ce développement, renvoyait très directement à l'*Hymne à Zeus* de Callimaque[31].

Dans quelle mesure l'observation de ce processus de mimésis et de la construction de cette carte mentale peut-elle contribuer à notre réflexion sur les lieux ou l'espace de la mémoire ? Ici les lieux sont à prendre au sens propre et au sens figuré. Ce sont les lieux géographiques, qui existent comme objets linguistiques, comme toponymes. Ces toponymes ont une valeur à la fois absolue – ils font référence à un lieu et un seul – et relative – ce lieu n'est qu'un nom, n'est localisé que dans une énumération, entre d'autres noms, selon un principe directionnel et une orientation plus ou moins clairs. Ces lieux géographiques sont donc aussi et surtout des objets de langage, des objets discursifs, qui appellent la performance mnémotechnique de la récitation, ce fil métrique qui fait de l'énonciation du catalogue un voyage. Par leur enchaînement le long d'un itinéraire qui conduit de l'Ibérie à l'Inde, ces lieux se prêtent à un parcours méthodique – aucun n'est oublié, aucun n'est répété. Ce qui garantit cet ordre méthodique, c'est l'ordre du texte, qui entretient avec son objet un rapport d'homologie (un voyage continu) et d'isomorphisme (comme une carte, il enferme la totalité de la terre dans les limites d'un poème maîtrisable par la mémoire). Ces lieux, à la fois géographiques et discursifs, sont aussi investis de significations référentielles et connotatives, puisqu'ils renvoient à de grands récits mythiques qui ont organisé leur réticulation selon des logiques différentes. D'où le jeu de permutations que nous avons observé entre différents fils conducteurs, qui permettent de passer d'un poème et d'un voyage à l'autre. Car l'interface entre les lieux de la géographie de Denys et les lieux de la géographie d'Apollonios, ce sont les lieux textuels de leurs poèmes respectifs, mémorisés dans leur topographie propre (succession de vers, place des mots et des syntagmes dans la structure métrique des vers).

Les formes d'espace ici impliquées sont donc multiples : espace de la carte, image mentale servant de matrice à la récitation, mais aussi de théâtre de la mémoire où se gravent des scènes pathétiques et violentes ; succession de lieux textuels, qui offrent un fil conducteur linéaire à une mémoire littéraire non-linéaire, juxtaposant des citations librement extraites de grandes œuvres littéraires, qui tenaient lieu de textes de référence dans la culture scolaire et dans la poétique alexandrine. De tels exercices constituaient-ils des performances mnémotechniques exceptionnelles, ou des pratiques répandues dans le monde scolaire ? Sénèque le Rhéteur pouvait répéter deux mille mots dans l'ordre où on les lui avait récités. Lorsque ses deux cents élèves récitaient un vers chacun, le maître pouvait les répéter instantanément, en commençant par le dernier qui avait été prononcé[32]. On peut aussi penser à Simplicius, l'ami d'Augustin, qui était capable, lorsqu'on lui citait n'importe quel vers de Virgile, de réciter immédiatement le vers suivant ou le vers précédent, voire de réciter Virgile à l'envers[33]. Comme le souligne Mary Carruthers[34], la mémoire de Simplicius ne réside pas simplement dans la maîtrise de textes longs, mais dans l'aisance et l'immédiateté des déplacements qu'il opère dans ce corpus, qui lui permettent, à partir de n'importe quel point, de progresser dans un sens ou dans l'autre : dans cette manipulation de mots et de vers, on peut reconnaître une agilité computationnelle où les éléments mémorisés sont perpétuellement reclassés, comme si le sujet avait accès à un texte écrit dans sa mémoire. Nous aurions donc ici une mise en abyme des arts de la mémoire, où la carte mentale permet la mémorisation littérale du poème de Denys et où ce texte devient lui-même une matrice mnémotechnique permettant de provoquer la reconnaissance d'une série de *loci* textuels discontinus, librement reconfigurés.

Le lecteur de Denys avait sans doute la capacité d'exercer cette mémoire non linéaire, en identifiant les références poétiques allusivement présentes dans le texte : autant de liens qui l'invitaient à réactiver le souvenir de *loci* dans des textes lus, mémorisés, disséqués à l'école du grammairien. Au voyage mental du maître de géographie et à la navigation des Argonautes, venait donc s'ajouter une troisième carte : celle d'une bibliothèque invisible aux profanes, où la mémoire des mots, des images et des rythmes conduisait à relire les grandes œuvres littéraires du passé proche ou lointain, à mettre en jeu la maîtrise des codes culturels et poétiques et des clés de leur déchiffrement.

COMMENT L'ESPACE DE LA MÉMOIRE GÉNÈRE LES LIEUX LUNAIRES

Nouvelle toile de fond. Nous sommes dans la première moitié du XVIIe siècle, en Europe. Dans l'Europe des savants et des astronomes, qui échangent nouvelles, observations, instruments et théories. Ces mêmes astronomes se lisent mutuellement et publient leurs ouvrages en les accompagnant, le cas échéant, d'images.

Je m'attacherai à un champ qui s'est véritablement constitué à partir de 1610, date de la publication du « Messager Céleste », le *Sidereus Nuncius* de Galilée : texte fondateur d'une astronomie nouvelle au télescope, qui offre une vision inédite sur la Lune, la Voie lactée et les satellites de Jupiter. C'est la Lune qui me retiendra ici[35]. Ce corps céleste visible à l'œil nu, passe brutalement du statut de corps éthéré et parfait où le confinait l'autorité conjuguée d'Aristote et de la théologie catholique, à celui d'un monde rugueux et accidenté, d'une autre Terre, avec ses montagnes, ses plaines, ses mers et ses îles. Le *Sidereus Nuncius* crée un nouvel espace visuel dans le monde occidental : celui de l'imagerie télescopique qui permet d'atteindre des objets extrêmement éloignés dans l'espace, au moment, où par ailleurs, apparaît l'imagerie microscopique. C'est la première fois que l'astronomie s'appuie non plus sur des schémas généraux et abstraits, d'ordre cosmologique, mais sur une image reposant sur les principes du *disegno* florentin, et mobilisant des ressources illusionnistes pour restituer la nature d'un corps céleste dont les reliefs se manifestent dans le jeu de l'ombre et de la lumière.

La révélation de cette autre Terre qu'est la Lune, avec sa topographie visible à l'œil nu (les taches sombres) et au télescope (la multiplicité des petites taches ou cratères), lançait évidemment un défi aux astronomes contemporains de Galilée : l'exploration à distance, l'approfondissement de la vision et la descente du regard, par paliers de focalisation successifs, jusqu'au détail de l'enchevêtrement des lieux lunaires. Le regard télescopique conduisait à affronter le défi de la cartographie. La carte impliquait une série de transformations et de manipulations par rapport à l'image vue dans le tube optique. Je n'ai d'ailleurs pas la naïveté de croire que l'image télescopique aurait une immédiateté ou un réalisme qui s'opposerait à la nature artificielle de la carte. Cette dernière, néanmoins, est avant tout une vue de l'esprit, sans rapports avec ce que l'œil pouvait voir dans la Lunette : elle synthétise en une image unique une masse d'observations partielles et souvent successives, et elle transforme la perception des contrastes d'ombre et de lumière en formes aux contours nets, étendues continentales, mers, îles, montagnes et cratères, qui pouvaient désormais être régis par les codes figuratifs des cartes géographiques contemporaines.

Je voudrais souligner un aspect particulier de ce processus de découverte : l'invention de la toponymie lunaire. Les planches du *Sidereus Nuncius* montraient un espace lunaire anonyme, un monde encore vierge de toute organisation toponymique, tant elles voulaient produire un « effet de réalité », aussi proche que possible de ce que Galilée avait vu dans la Lunette. Et de fait, il ne s'agissait pas de cartes de la Lune, mais davantage de vues en perspective. Le projet de la sélénographie, au XVIIe siècle, connaît plusieurs étapes. J'en retiendrai trois, essentielles dans l'émergence de la nomenclature lunaire : la grande carte imprimée du mathématicien hollandais Philippe Van Langren (1645), la *Sélénographie* de l'astronome polonais Hevelius (1647) et la carte de la Lune publiée dans l'*Almagestum novum* de Gianbattista Riccioli en 1651.

Van Langren est le premier à avoir imprimé une carte de la face visible de la Lune avec un système toponymique. Hevelius lui substitue une autre nomenclature, obéissant à une logique tout à fait différente. Riccioli, enfin, revient au système de Van Langren, tout en lui donnant une cohérence et une portée autres.

Imposer à la surface lunaire un système toponymique était nécessaire pour plusieurs raisons. Le langage introduit stabilité et permanence dans la perception des accidents topographiques. Il donne une dimension sociale, communicable et conventionnelle à l'ineffable de l'expérience télescopique, éminemment individuelle et soumise à tous les aléas de la visibilité du ciel nocturne. La toponymie permet de construire progressivement un espace organisé, que l'on pourra retrouver de nuit en nuit, partager avec les observateurs situés dans d'autres régions de l'Europe et aussi soumettre aux pratiques de la description, de la mesure et de l'inventaire. Selon Hevelius, la toponymie doit permettre à des astronomes, quel que soit leur lieu d'observation, de regarder simultanément la Lune avec la certitude de voir la même chose (p. 222). C'est la carte qui constitue la référence préalable de l'observation, qui guide le regard, et surtout introduit la médiation du langage, tant l'inscription graphique des lieux est indissociable du toponyme qui les identifie.

Il s'agit pour chacun de ces sélénographes de fonder un usage, une convention *ex nihilo*. Et, le cas échéant, de substituer d'autorité leur propre système à celui de leur collègue, avant qu'il ne soit validé par le temps. Il faut projeter d'emblée sur la Lune le filet d'une toponymie qui ne s'y sera pas sédimentée dans les couches successives de l'histoire. En effet, la Lune est un espace sans histoire et sans mémoire, que nul n'a jamais parcouru ni habité, qui n'a servi de support à aucune *Odyssée* et à aucun périple Argonautique susceptible de tenir lieu de grand récit de référence pour une société entière. On ne peut éveiller la mémoire mythique des lieux, ni user de la faculté cratylienne des toponymes de dire la nature de ces lieux, puisqu'ils viennent à peine d'émerger au regard et à l'existence, grâce aux premiers télescopes. Ils ne préexistent pas à la carte ni aux toponymes qui les individualisent. Il faut donc opérer un coup de force symbolique et projeter en une seule fois une onomastique coloniale sur l'espace de la Lune pour en domestiquer l'étrangeté et l'éloignement.

La toponymie va tisser un réseau de lieux sur ce nouvel espace visible, mais anonyme et indifférencié. Ce réseau crée des effets sémantiques qui vont organiser un espace symbolique. L'imposition de la nomenclature, qui doit identifier, individualiser les lieux lunaires au fur et à mesure de leur émergence au visible, est en fait ce qui va organiser l'espace en reliant ces lieux par le fil d'une discursivité, voire d'une narrativité. Passé le stade de la désignation ponctuelle, la toponymie aide l'astronome à percevoir la surface lunaire sous forme de relations, de constellations signifiantes, induisant des hiérarchies et des parcours régis par des contraintes sémantiques extrinsèques – puisque les points visibles sur la surface de la Lune, avant d'être identifiés et stabilisés par le langage, sont tous équivalents et permutables. Une telle construction de l'espace implique nécessairement un déplacement métaphorique : la nomenclature, avec sa cohérence propre, devient un système autonome de significations ou, plus exactement, elle joue un rôle d'interface entre différents niveaux d'organisation de l'espace.

Van Langren voulait publier la première carte de la Lune et en fixer la nomenclature une fois pour toutes, à l'usage de la postérité. Sa carte imprimée de 1645 propose 325 toponymes lunaires (figure 2). Elle est dédiée au roi Philippe IV d'Espagne, qui interdit d'ailleurs par décret que l'on change quelque nom que ce soit dans la nomenclature lunaire. Et l'on comprend pourquoi, car la nomenclature de Van Langren est à la gloire de la famille royale d'Espagne, des grands souverains spirituels et temporels du temps (par exemple Louis XIV et Innocent XIV), de la Hollande et de Van Langren lui-même (il y a une Mer de Langren et une Montagne de Langren). Les îles et montagnes portent des noms d'astronomes, de Pythagore à Gassendi, tandis que les grandes zones continentales portent des noms abstraits : la Terre de l'Honneur, la Terre de la Paix, la Terre de la Dignité, la Terre de la Vertu, etc.

Un trait frappant de cette première carte de la Lune imprimée avec sa toponymie est le caractère composite et non-systématique de la nomenclature : plusieurs fils conducteurs s'entrecroisent et témoignent de la précipitation du cartographe comme de ses stratégies multiples : la principale est celle d'un mathématicien de cour, qui ne peut travailler qu'avec le mécénat actif de la famille royale d'Espagne. Mais la carte de Van Langren témoigne aussi de la difficulté de générer une série cohérente de noms, et de la nécessité de recourir à plusieurs stratégies éponymiques simultanées pour ne pas tarir l'imagination.

J'en viens à Hevelius, qui me retiendra davantage (figure 3). Cet astronome renonce au principe de l'éponymie, de la liste des grands astronomes et des familles régnantes. Pour nommer les taches de la Lune, il a recours aux noms de la géographie terrestre, réactivant ainsi un lien spéculaire entre la Lune et la Terre, qui remonte au moins à l'astronomie grecque. On faisait en effet de la Lune le miroir de la Terre, de ses continents et de son Océan. C'est ce même lien spéculaire qui fut réactivé par Galilée, lorsqu'il démontra que regarder la Lune depuis la Terre, c'était comme regarder la Terre depuis la Lune : et que la Lune était tout simplement une autre Terre, avec ses montagnes, ses vallées et ses mers. Hevelius, lui, prend la métaphore au pied de la lettre, et transpose la nomenclature géographique de la Terre à la Lune. Simple transfert d'une taxonomie dont on soulignerait le caractère conventionnel en isolant le signifiant du signifié et en refondant le lien sémantique qui lie le toponyme au lieu ? Ou extrapolation d'un système toponymique et de son organisation spatiale, déjà validé par la mémorisation des cartes réelles ?

Hevelius, en fait, a utilisé une carte représentant l'*Orbis Antiquus*, le monde connu des Gréco-romains, sans doute d'après un atlas de Géographie ancienne, peut-être l'une des éditions modernes de la *Géographie* de Ptolémée. Pour organiser la toponymie lunaire, il a extrait de la carte du monde Méditerranéen la réticulation des noms géographiques, et l'a appliquée sur la Lune en respectant les rapports de distance et d'orientation de ces noms les uns par rapport aux autres. Il y a ainsi correspondance analogique plus qu'adéquation parfaite entre la Terre et la Lune. Le recours à la nomenclature latine de la géographie ancienne vient en outre redoubler sur le mode temporel l'écart spatial entre la Terre et la Lune. Aux enjeux géopolitiques de la nomenclature courtisane de Van Langren s'oppose le système d'Hevelius, conventionnel, mis à distance par l'écart historique et donc susceptible d'échapper aux contingences de l'histoire du XVIIe s.

Hevelius superpose deux cartes. Il fait de la carte de la Méditerranée antique un palimpseste caché dont seule la toponymie émerge sous les contours de la topographie lunaire. Ce faisant, il réemploie une nomenclature familière, dont l'apprentissage figurait dans l'enseignement de la géographie tel qu'il était pratiqué dans l'Europe des humanistes et des collèges Jésuites. La nomenclature était apprise par cœur, et nous retrouvons ici la *Périégèse* de Denys d'Alexandrie, aux côtés de ses adaptations latines par Avienus et Priscien ou encore de la *Chorographie* de Pomponius Mela. En partie pour ses propriétés mnémotechniques, la *Périégèse* de Denys resta l'un des manuels de géographie de l'Europe des collégiens, jusqu'au XIXe siècle.

La projection de la nomenclature méditerranéenne sur la Lune construit un espace particulier. Elle importe sur la Lune une stratégie de construction de l'espace, une méthode de recherche des lieux, qui sont celles que l'on pratique sur une carte terrestre. Elle implique un ensemble de pratiques analogiques, y compris dans l'usage du langage. Car la finalité de la nomenclature lunaire est bien de fonder une norme et une convention entre astronomes Européens, qui pourront, par exemple, observer depuis des longitudes différentes la progression d'une éclipse de Lune en s'assurant qu'ils voient bien la même chose. Ce qui pourrait produire, sur leurs carnets d'observations, des énoncés du genre : « J'ai vu la lumière solaire avancer sur le Péloponnèse ou sur le Mont Etna ou sur la mer de Gaule ».

Ce qui est ainsi permis, c'est une construction de la topographie lunaire de proche en proche, où les toponymes imposent à l'observateur la logique d'une organisation spatiale qui est celle de la géographie terrestre, non de la sélénographie. On retrouve en effet la disposition réciproque et proportionnelle des différentes régions de la Méditerranée occidentale, orientale, méridionale, et c'est la mémorisation de cette répartition de noms qui suffit, au-delà de l'altérité des formes et des contours, à rendre familier l'espace lunaire.

La représentation de la mer Méditerranée est exemplaire de ce processus : on reconnaît, au centre, la Sicile, qui, de triangle, est devenue un cercle, centré autour du cratère de l'Etna (figure 4). Cette mer Méditerranée est bordée, au nord par la Gaule, l'Italie, traversée par la chaîne des Apennins, où l'on reconnaît le lac Trasimène, site de la victoire d'Hannibal sur Flaminius, en 217 avant J.-C., qui ouvrit la route de Rome aux Carthaginois, l'une des heures les plus noires de la Seconde Guerre Punique ; et, séparée de l'Italie par la Mer Adriatique, la péninsule des Balkans, avec la presqu'île du Péloponnèse. La Mer de Pamphylie baigne l'Asie mineure, la Région de Cassiotis désigne la Syrie, tandis que plus bas, le Sinus Sirbonis et surtout le Mare Aegyptiacum, puis les mers des Syrtes indiquent que l'on est parvenu en Egypte et que l'on commence à longer la côte de l'Afrique du nord.

La mappemonde lunaire d'Hevelius disloque ainsi la cohérence sémiotique qui est au fondement du pouvoir des cartes : elle renégocie le lien entre le nom et le lieu. Elle ne retient de la carte géographique qu'un ensemble de rapports d'éloignement et de directionnalité, indépendamment des formes validées par la tradition. Elle invite à un effort de mémoire sélective, qui ne retient qu'une dimension de la carte et fait abstraction des autres. La nomenclature terrestre facilite l'apprentissage de la topographie lunaire. On peut en effet supposer qu'elle importe sur cet espace vierge des stratégies de repérage, la maîtrise préalable d'une organisation topographique qui déploie les unes par rapport aux autres les grandes étendues de terre et de mer. La perception de la topographie inédite de la lune est ainsi implicitement guidée par les parcours visuels, les attentes que l'on peut avoir devant une carte de la Méditerranée, invitant le regard à longer le littoral (sur le mode des antiques périples côtiers) ou à naviguer d'île en île.

Mais ce n'est pas tout. Hevelius regroupe en effet sa toponymie en une table alphabétique. Cette dernière crée un nouvel espace de savoir, et domestique l'altérité de la surface lunaire en lui surimposant à la fois une forme et des contenus de savoir. Si la métaphore constituait la figure majeure de la projection de la toponymie terrestre sur la Lune, on repère un déplacement non moins net dans la mobilisation des méthodes de la géographie ancienne et de l'érudition antiquaire, dans le passage de l'espace sélénographique à celui de la bibliothèque et des dictionnaires. On dote ce faisant la Lune d'une mémoire artificielle, on en fait un dispositif de réactivation et de mobilisation d'un savoir historique et littéraire. En effet, dans la table de la nomenclature, Hevelius tisse une série de liens entre les toponymes antiques et la bibliothèque des autorités géographiques – Diodore, Pline, Ptolémée, Ortelius – et il projette sur les lieux lunaires les contenus de savoir qui s'étaient attachés aux lieux terrestres : par exemple, Socrate est né sur l'île d'Alopecia, comme en témoignent le Gorgias de Platon et Diogène Laërce, Moïse est mort sur le Mont Abarim, la grotte de Charon se trouve sur le mont Aconit. La carte de la lune renvoie ainsi à l'érudition antiquaire du XVIIe siècle par le biais de la géographie historique, et l'étrangeté du lien toponymique redéfini par Hevelius se trouve apprivoisée par la chaîne des réminiscences et des citations livresques, comme par les méthodes analogiques propres aux études anciennes, où tout nom propre est une matrice mnémotechnique invitant à raconter, à citer, à commenter.

J'en arrive à Riccioli et à son *Almagestum Novum* publié en 1651 (figure 5). Cet ouvrage comprend une nouvelle carte de la Lune dessinée par son élève Francesco Maria Grimaldi. Beaucoup moins élaborée que celles d'Hevelius, cette carte propose aussi un nouveau système toponymique. Le disque lunaire est partagé en régions par des lignes droites qui le découpent diamétralement. Ces lignes appartiennent à cette catégorie de tracés cartographiques qui ne correspondent à rien dans l'espace réel, mais sont des tracés abstraits et intellectuels, témoignant d'un effort pour organiser l'espace et l'assujettir à un ordre géométrique, à une discipline graphique. Riccioli a renoncé à la nomenclature géographique d'Hevelius. Il revient au système des grands hommes inauguré par Van Langren, mais en lui donnant une cohérence nouvelle. Si les grandes étendues océaniques et continentales sont dénommées d'après les effets que la Lune est censée produire sur le monde terrestre – mer de la sérénité, des tempêtes, etc. –, l'essentiel des petites taches – les cratères et les îles, sont nommés d'après les grandes figures de l'histoire de l'astronomie. On retrouve en fait sur cette carte les noms de tous les auteurs dont les observations et les écrits ont contribué à la genèse du savoir astronomique capitalisé dans l'*Almageste*.

Dans chacune des huit régions du cercle lunaire, Riccioli a réparti les noms des grands astronomes de l'histoire humaine, selon une distribution à la fois chronologique (du plus ancien aux plus récents – dont Riccioli lui-même) et épistémologique. La répartition des toponymes est en effet motivée par l'histoire de l'astronomie, par les généalogies intellectuelles de ses différents courants, par les rapports de maître à disciple, les liens humains et intellectuels qui se tissaient entre ces savants. Par exemple, Euctémon est placé juste à côté de Méton, car il a été associé à ses observations. De même, Riccioli a placé près de Platon des amis proches comme Théétète, Timée et Archytas et, guère plus loin, Aristote.

La carte conduit donc à entreprendre un parcours circulaire sur la Lune, à un regard rhapsodique qui suit les contiguïtés spatiales, à l'intérieur de chacun des secteurs délimités par les lignes diamétrales, et les interprète comme des liens chronologiques et des filiations intellectuelles. Toute l'histoire de l'astronomie peut être reconstituée, à condition toutefois d'interpréter correctement les constellations de noms propres, et l'on observe même que cette topographie métaphorique n'est pas dénuée d'intentions polémiques : Riccioli, l'un des grands savants Jésuites de l'Italie du XVIIe siècle, prend en effet parti dans le grand débat sur le système copernicien, et donne les noms de ses défenseurs à des îles flottant sur l'Océan des Orages, pour mieux suggérer l'instabilité de la Terre qui résultait de leur doctrine.

La Lune constitue ainsi l'espace de projection d'un système de lieux de mémoire : une carte de l'histoire des sciences et de la philosophie, de Pythagore à Gassendi, de Zoroastre à Athanase Kircher, de Ptolémée à Hevelius et Riccioli lui-même. C'est une logique intellectuelle et historique, et non plus topographique, qui organise cette armature mnémotechnique de la carte. Le « lecteur érudit » est invité à contempler un dispositif où se résument, sous la forme de constellations de noms aux contiguïtés signifiantes, la succession des écoles, la lente accumulation des observations et des théories, les progrès et les hérésies. De ce point de vue, la carte fait écho à deux autres tables qui sont données en introduction au volume : une liste chronologique des grands astronomes (p. XXVI-XXVIII) et une liste alphabétique, à laquelle sont rattachés des développements historiques (p. XXVIII-XLVII).

La carte de l'*Almagestum Novum* invite à un périple dans des archipels de lieux atomiques, selon le principe d'une navigation visuelle qui permet de réactiver l'histoire de l'astronomie entière. Alors que l'ordre chronologique et l'ordre alphabétique ne proposent qu'un parcours linéaire et conventionnel, se prêtant à des recherches ponctuelles, à une information factuelle, la carte de la Lune propose un système de coordonnées bidimensionnelles et élabore une véritable carte de l'histoire des sciences, qui résume et schématise tout le parcours résumé dans l'entreprise de Riccioli. Les contiguïtés sont porteuses de décisions historiographiques et de jugements intellectuels forts, en particulier lorsqu'il s'agit de discréditer l'astronomie copernicienne. La carte de la lune pouvait de fait inviter les lecteurs de Riccioli à des exercices mnémotechniques : la corrélation des noms d'astronomes (équivalent des images de mémoire ?), des lieux lunaires, et d'un principe de parcours contraignant (à la fois chronologique et intellectuel) permettait de raconter l'histoire de l'astronomie, l'enchaînement de ses découvertes et de ses erreurs, comme de faire étape à certains de ses moments clés, en expliquant en détail le système du monde de tel ou tel grand prédécesseur.

La carte de la Lune de Riccioli n'est pas sans rappeler la logique narrative qui sous-tendait le parcours géographique de la *Périégèse* de Denys, avec l'encryptage du récit des *Argonautiques* sous forme de toponymes et de jeux d'allusions intertextuelles. La carte de la Lune est aussi la carte de l'itinéraire réflexif et scientifique qui a conduit à cette capitalisation du savoir astronomique qu'est l'*Almageste* lui-même. C'est aussi un dispositif ouvert apte à recevoir des compléments ultérieurs, au fur et à mesure que l'observation télescopique génèrera de nouveaux étages topographiques et de nouvelles constellations de lieux attendant d'être nommés. Et de fait, le système toponymique de Riccioli est à la base de la nomenclature contemporaine de la Lune.

CONCLUSION

Les deux études de cas que j'ai présentées, au-delà de la spécificité des contextes historiques et des projets intellectuels, mettent l'accent sur des processus de navigation dans ce qui constituait le savoir d'une société, ou d'un groupe social particulier (les lettrés partageant les techniques de la *paideia* gréco-romaine, ceux qui étudient la géographie ancienne ou l'astronomie). Je me suis attaché à identifier certaines des opérations qui permettent de projeter une syntaxe et des fils conducteurs à l'intérieur d'un système de lieux, à la fois discursifs et géographiques.

On serait donc tenté de dire que par le biais des pratiques mnémotechniques qui suivent ces différents fils et déploient les contenus de savoir encodés dans ces lieux, selon les techniques de l'exégèse littéraire, de l'association de mots, de l'érudition bibliographique ou de l'interprétation des images, la mémoire transforme cette répartition de lieux en espace, si l'on entend par espace une forme délimitée, orientée, bidimensionnelle, régie par des rapports fixes de contiguïté.

Mais il ne s'agit pas simplement du passage de l'unidirectionnalité d'un fil conducteur à la bidimensionnalité d'un espace cartographique, où la corrélation même des lieux crée des effets de sens outrepassant ceux des informations singulières qui y sont stockées. Ce qui est en jeu, c'est aussi le passage d'une forme d'organisation du savoir à l'autre. Nous avons évoqué des formes d'instabilité et de basculement, où un ordre peut se reconfigurer en un autre, où le parcours géographique se transforme en narration, où une carte de la terre peut transparaître sous une carte de la Lune, à moins que cette dernière ne se transforme en une carte de l'histoire de l'astronomie.

L'intérêt majeur d'une réflexion sur les techniques de la mémoire et ses formes d'organisation spatiale est de redéployer les processus mentaux, les opérations intellectuelles dans la production et la mise en forme de savoirs complexes. Pour l'historien, l'enjeu est de taille : il s'agit de retrouver des savoir-faire et des techniques intellectuelles à travers les documents, textes, cartes et images, qui en sont les traces fossilisées et silencieuses.

NOTES

1. M. Carruthers, *The Book of Memory. A Study of Memory in Medieval Culture*, Cambridge, Cambridge University Press, 1990.
2. M. de Certeau, *L'invention du quotidien, I. Arts de faire*, Paris UGE 10/18, 1980, en particulier le chapitre XII :

Lire : un braconnage ?

3. Quintilien, *Institution Oratoire*, XI.2.21.
4. Les deux derniers volumes de *The History of cartography*, publiés par the University of Chicago Press sous la direction de J.B. Harley et D. Woodward, sont exemplaires d'un tel renouveau des perspectives de recherche.
5. Nous nous permettons de renvoyer à notre traduction : *La description de la Terre habitée de Denys d'Alexandrie ou la leçon de géographie*, Paris, Albin Michel, 1989. Une édition critique du texte doit paraître prochainement dans la collection des Universités de France.
6. Rappelons ici les deux articles fondamentaux de Claude Imbert, « Théorie de la représentation et doctrine logique dans le stoïcisme ancien », in : *Les Stoïciens et leur logique. Actes du Colloque de Chantilly, 18-22 septembre 1976*, Paris, Vrin, 1978, p. 223-249 ; « Stoic logic and Alexandrian Poetics », in *Doubt and Dogmatism. Studies in Hellenistic Epistemology*, Malcom Schofield, Myles Burnyeat and Jonathan Barnes ed., Oxford, Clarendon Press, 1980, p. 182-216.
7. Denys, v. 170-173
8. Les scholies byzantines de Denys et le *Commentaire* d'Eustathe (XIIe siècle) font allusion à des cartes qui, selon nous, ne figuraient pas dans l'état original du poème au IIe siècle.
9. A noter du point de vue de la représentation de l'espace que celui-ci n'est pas projeté sur un damier géométrique régulier de parallèles et de méridiens, mais que ceux-ci étaient tracés selon les nécessités de la construction de la carte, pour des calculs et des vérifications particuliers.
10. M. De Certeau, *op. cit.*, chap. IX. « Récits d'espaces ».
11. Denys, v. 715-717.
12. Denys, v. 62-63.
13. Voir L. Detienne, *Les maîtres de vérité dans la Grèce archaïque*, Paris, Maspero 1973 (2e édition), en particulier le chap. 2 « La mémoire du poète »
14. Voir par exemple *Rhétorique à Herennius*, III.34.
15. Sur ce courant, voir F.W. Walbank, « History and Tragedy », *Historia*, IX, 1960, pp. 216-234.
16. Denys, v. 666-678.
17. Denys, v. 186-194.
18. Denys, v. 768-771.
19. Denys, v. 963-967.
20. Denys, v. 596-605.
21. Quelques exemples : Denys, v. 115 / *Odyssée* IV, 355 : imitation d'un hémistiche ; Denys, v. 124 / Aratos, 912 : imitation d'un hémistiche (avec variation) ; Denys, v. 133 / *Iliade*, XV.383 : reprise d'un syntagme complément + vers dans la même position métrique ; Denys, v. 151, Apollonios II.361 (reprise avec variation du second hémistiche) ; Denys, v. 203 / Apollonios IV.1266 : reprise avec variation du second hémistiche (à propos des Syrtes) ; Denys, v. 315 / Apollonios IV.287 : reprise du même vers (avec variation sur un mot) ; Denys, v. 391 / Apollonios IV. 517 : imitation d'un vers avec variation sur la fin du second hémistiche ; Denys, v. 768 sq : description des forgerons Chalybes : Denys reprend les mots clé de la description d'Apollonios (II.374 sq et II.1000 sq, soit deux passages différents) ; Denys, v. 1060 : reprise littérale de Callimaque, *Hymne à Artémis*, v. 113 ; Apollonios, en IV.1607, avait déjà partiellement imité ce vers etc.
22. Par ex. Denys, v. 48 (mer de Cronos) / Apollonios, IV.133 : fleuve

Araxe) ; Denys, v. 783 : « jette son cours pur dans la mer » (le fleuve Iris) / Apollonios, II.401 : « jette son large cours dans la mer » (le Phase) : même position métrique. Voir aussi Denys, v. 852 / Apollonios I.217.

23. Par exemple la reprise du syntagme « l'Achéloos au tourbillon d'argent » dans la même position métrique : Denys, v. 433, Callimaque, *Hymne à Déméter*, v. 13 ; Hésiode, *Théogonie*, v. 340. Voir aussi Denys, v. 712 / Apollonios, II.1095 / Hésiode, *Travaux*, v. 379.
24. Savants et écrivains de palais et de bibliothèque, les Alexandrins ne négligeaient pas les banquets, concours littéraires, énigmes et jeux d'esprit. Voir A. Cameron, *Callimachus and his Critics*, Princeton, Princeton University Press, 1996.
25. Xénophon, *Banquet*, III.6.
26. Références épigraphiques réunies par Ilsetraut Hadot, *Arts Libéraux et Philosophie dans la Pensée Antique*, Paris, Etudes Augustiniennes, 1984, p. 27-28, note 7 et 8.
27. Denys, v. 881-885.
28. Un point de départ incontournable pour évaluer ce phénomène culturel est le livre de J. Bompaire, *Lucien écrivain. Imitation et création*, Paris De Boccard 1958, en particulier p. 382 sq. Voir aussi J. Bouffartigue, *L'Empereur Julien et la culture de son temps*, Paris, Collection des Etudes Augustiniennes, 1993, en particulier le chapitre 5 : « La bibliothèque réelle : la littérature réemployée ».
29. Par exemple, Denys, v. 762-796 et Apollonios, II. 347-407, 647-1284.
30. Le catalogue des vaisseaux suit un mouvement circulaire à partir du nord est de la Grèce vers le sud du Péloponnèse, avant de remonter vers ses régions centrale puis occidentale. En revanche, Denys part du nord ouest du Péloponnèse, descend vers ses régions centrales puis vers la Laconie remonte vers Corinthe, l'Attique, la Béotie et la Locride. L'évocation de Delphes termine sa description de la Grèce. Ce jeu a été analysé par P. Counillon, dans son édition critique de la *Périégèse* (thèse de IIIe cycle, Université de Grenoble III, 1983), pp. 205-210.
31. Denys, v. 416-417 : Callimaque, *Hymne à Zeus*, v. 13-25.
32. Sénèque, *Controverses*, I, praef. 2.
33. Augustin, *De natura et origine animae*, IV. VII.9.
34. M. Carruthers, *op. cit.*, p. 19.
35. Je reviens ici sur un point particulier d'une enquête plus vaste sur les débuts de la cartographie lunaire, dont une première version est publiée dans : *Cartographiques*, sous la direction de Marie-Ange Brayer, Villa-Médicis / Réunion des Musées Nationaux, 1996 (sous presses). Sur la Sélénographie au XVIIe siècle, on peut se référer aux travaux de O. Van de Vyver, *Lunar Maps of the XVIIth Century*. Vatican Observatory Publications Vol. 1 – n° 2, Specola Vaticana – Città del Vaticano, 1971 ; E.A. Whitaker, « Selenography in the seventeenth century », in : R. Taton and C. Wilson, *Planetary astronomy from the Renaissance to the Rise of Astrophysics. Part A. Tycho Brahe to Newton*. Cambridge, Cambridge University Press, 1989, pp. 119-143 ; M.G. Winkler et A. Van Helden, A., « Representing the Heavens. Galileo and Visual Astronomy ». *Isis*, 1992, 83, p. 195-217.

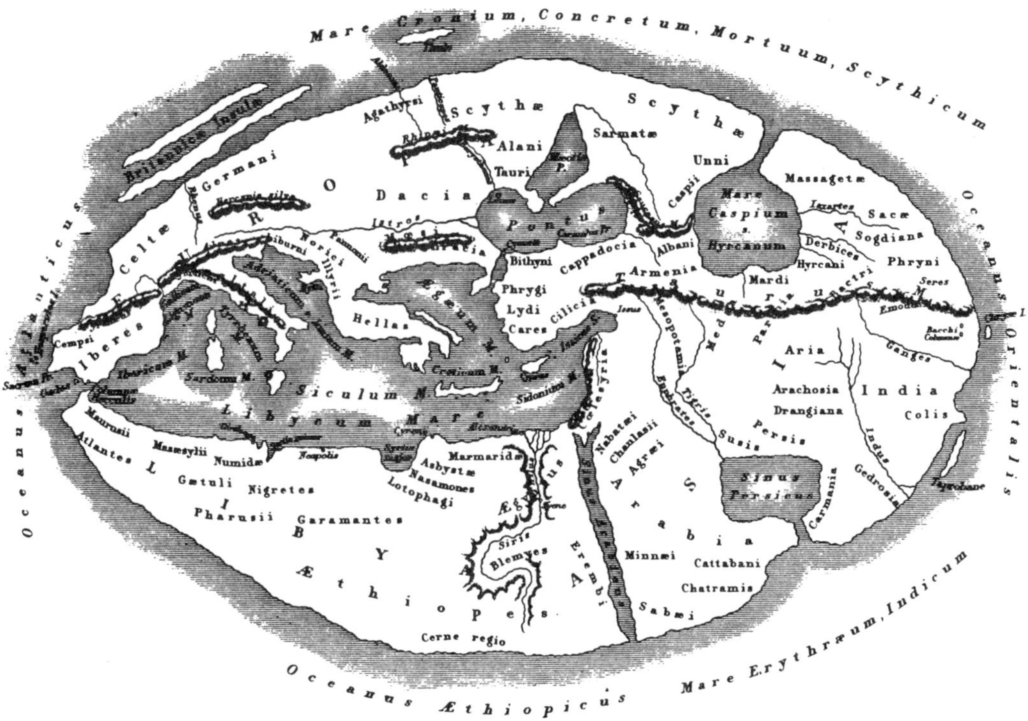

1. Reconstitution moderne de la « carte » de Denys d'Alexandrie
(E.H. Bunbury, *A History of Ancient Geography*, London, 1879, tome II, pl. VII).

2. La carte de la Lune de Van Langren (1645).

3. La carte de la Lune d'Hevelius (1647) : vue d'ensemble.

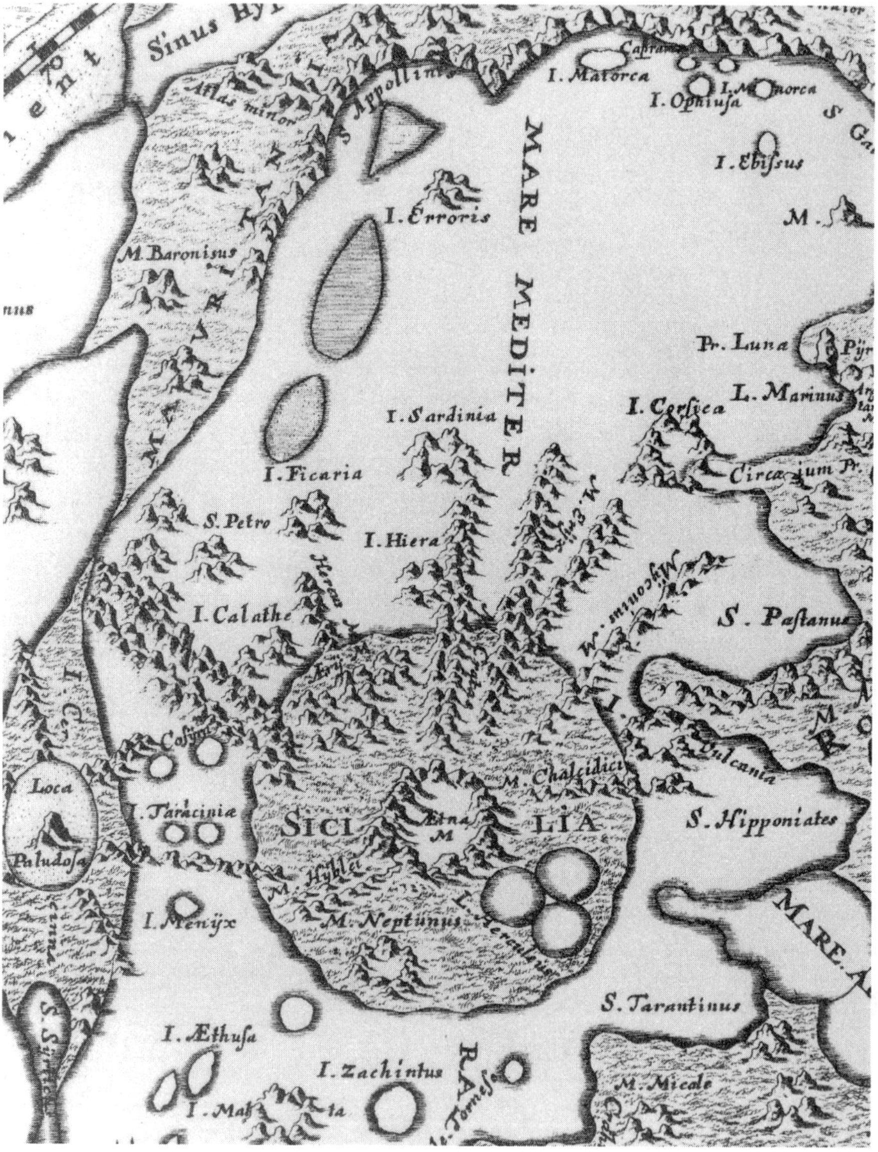

4. La carte de la Lune d'Hevelius (1647) : détail de la Méditerranée avec la Sicile.

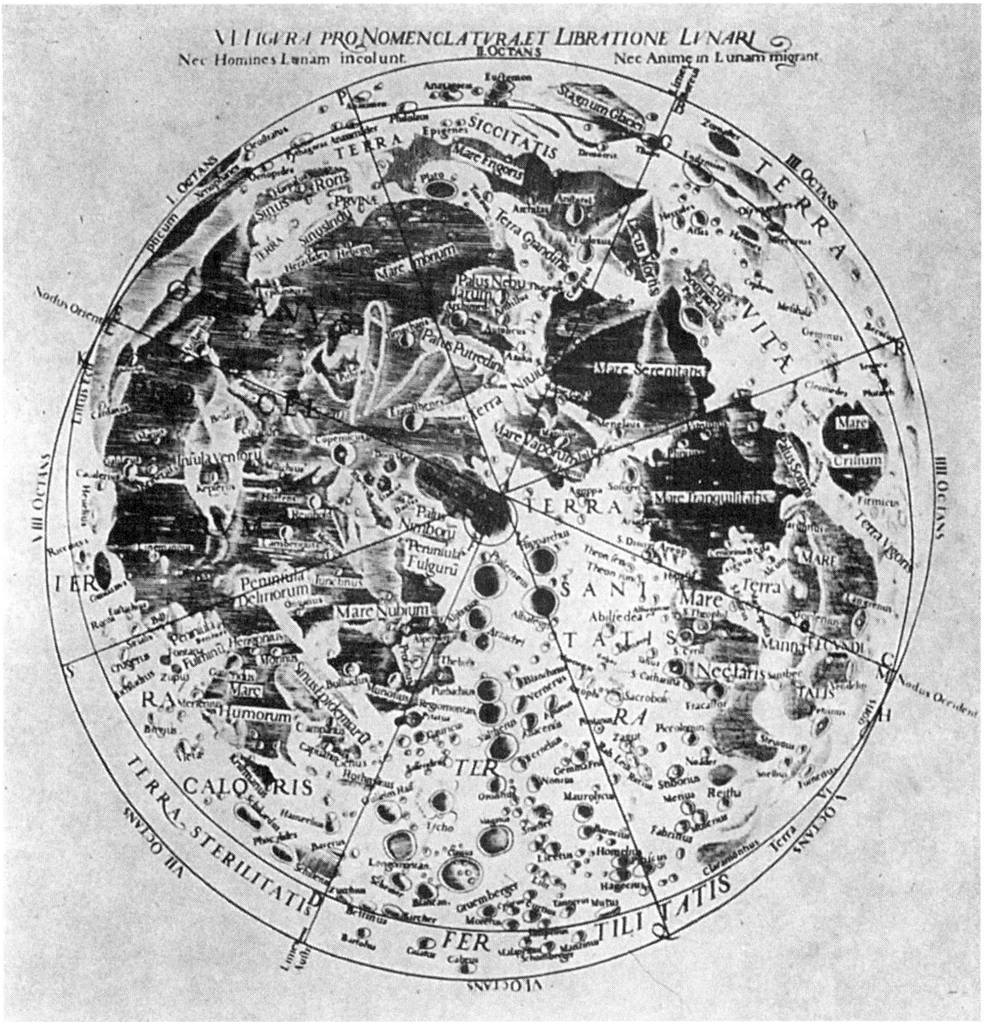

5. La carte de la Lune dans l'Almagestum Novum de Riccioli.

Pierre Fédida
Écriture de la mémoire et lieux de la parole dans la psychanalyse

De *quelqu'un* qui – pour la première fois – vient parler auprès d'un psychanalyste, on pourrait dire que le récit disponible de sa vie *connaît* les lieux de sa mémoire. La remémoration des événements de la vie, souvent lointains dans le temps, recherche une sorte de réalité du passé vécu grâce au souvenir des localités et des espaces. « Je revois la maison provençale où mon frère et moi avons passé les premières années de notre enfance. Une maison en crépi ocre, sans doute un platane dans la cour avec son gravier. Le lieu-dit s'appelait la Fougasse. Un escalier montait à l'étage à droite de la cuisine. Au bout du couloir toujours sombre à l'étage, la chambre où je dormais, la grosse armoire toujours fermée, mon lit entre l'armoire et le mur près de la fenêtre, les tomettes recouvrant le sol… Je ne devais pas être très grand car je me souviens me cogner souvent à l'angle de la table ». Ces lieux et ces espaces sont restitués par une évocation du passé et le récit qui recherche l'événement paraît être entraîné par un nombre infini de détails extrêmement précis que la mémoire ignorait connaître ou n'aurait pas imaginé avoir pu conserver. Les lieux de la mémoire sont ainsi qu'ils s'imposent parfois dès le début d'une analyse avec le sentiment qu'ils n'ont jamais été oubliés et que pourtant, venus dans la parole avec cette précision visuelle, ils sont proches d'avoir été rêvés. Ainsi la recherche d'une réalité du passé – que le récit sollicite de l'écoute attendue de l'analyste – ressuscite ces lieux de la mémoire comme une preuve : mais tandis qu'est produite leur évocation précise la sensation de rêve semble s'en emparer et menace l'espérance de certitude que la mémoire croyait apporter. Il n'est pas rare, en effet, que cette remémoration entraîne avec elle le sentiment d'étrangeté du familier, comme si la clarté et la précision des détails du lieu menaçaient la mémoire du passé le plus reculé. Alors, dès que surviennent ici – dans la situation analytique – les lieux de la mémoire, ceux-ci ne recueilleraient-ils pas du rêve et du transfert une nouvelle perception où l'irréalité rendrait à la réalité son évidence énigmatique ? Ou encore faudrait-il prétendre dès à présent que le souvenir des événements vécus au cours de l'enfance n'acquiert sa véritable perception que d'une parole propre à engendrer les lieux de la mémoire ? Telles sont les premières questions que la psychanalyse viendrait à poser quant aux lieux de la mémoire.

Ces questions ont, en un sens, été reconnues par Freud dans le prolongement de ses premières avancées sur ce que nous appellerions le *corps hystérique de la mémoire.* Les *souvenirs-écrans* (*Deckerinnerungen*) – littéralement « souvenirs de couverture » – ne sont-ils pas ces souvenirs qui ont toute l'apparence de ne rien signifier par leur contenu et qui disposent d'une telle netteté localisatrice qu'ils déroutent l'espérance du patient à accéder à une cause ancienne de ses symptômes présents.

> « Les souvenirs-écrans – écrit Freud – contiennent non seulement quelques éléments essentiels de la vie infantile mais véritablement tout l'essentiel. Il ne faut que savoir l'expliciter à l'aide de l'analyse. Ils représentent les années oubliées de l'enfance aussi justement que le contenu manifeste des rêves en représente les pensées »[1].

La netteté du souvenir-écran tend à conforter la mémoire dans sa visée consciente d'une *réalité* du passé tandis que serait nié le refoulement portant sur la signifiance de l'événement psychique, soit jugé sans importance soit purement et simplement écarté. Et les lieux de la mémoire jouent ici dans leur pleine spatialité une fonction de méconnaissance de la mémoire elle-même. C'est pourquoi les souvenirs-écrans qui, par leur intensité visuelle des lieux, seraient assimilables aux images du contenu manifeste du rêve font l'effet d'une méconnaissance en quelque sorte redoublée de la mémoire par l'illusion de temporalité qu'ils comportent. Alors que le rêveur de la nuit ne saurait comprendre seul que son rêve est mémoire de l'infantile et que le *présent* de l'image le fait se détourner d'une telle reconnaissance, le souvenir-écran, de même nature que le rêve, accorderait crédit à une mémoire de l'enfance tout en ignorant que seul le rêve est la mémoire. La question se pose alors ainsi : *peut-on parler de souvenirs d'enfance alors que ces souvenirs contiennent toute l'enfance au sens où ils tiennent énigmatiquement caché l'essentiel de l'enfance, c'est-à-dire l'infantile ?*

Bien qu'étrangère à la démarche proprement psychanalytique, la notion élaborée par Walter Benjamin de *remémoration* comme activité d'une pensée qui *se donne par le présent de l'image* l'événement du passé (le mot est ici *Andenken*) ou encore l'*intériorisation* de cet événement par le *ressouvenir* (*Erinnerung*), éclairerait assez justement notre propos. Ce qui compte pour la mémoire, ce n'est pas la conservation du passé mais la perception que l'événement passé obtient de l'*image au présent.* Dans le *Livre des passages,* la métaphoricité que produit le langage au contact des « images dialectiques » fait de celles-ci les véritables « phénomènes originels de l'histoire » : ce sont ces images qui permettent aux événements du passé d' « accéder à un degré d'actualité plus élevé qu'au temps où ils existaient » [2]. Ce qui rejoint l'hypothèse freudienne selon laquelle c'est une chose d'avoir vécu un événement et de s'en souvenir, c'est encore autre chose d'entendre se dire cet événement en le parlant. Le langage – et notamment la parole dans la situation analytique – dote le souvenir de l'événement d'une perception dont il ne disposait pas au moment où il a été vécu. Si la mémoire est une activité archéologique de fouille, elle ne saurait se concevoir comme contenant les lieux de la mémoire : c'est le *remémorer* qui *donne lieu* à ce qui a eu lieu. Le remémorer – seul l'homme peut en disposer, à la différence des animaux qui ont la capacité de la mémoire. Dans les *Petits traités d'histoire naturelle,* Aristote dit-il autre chose ? « Pas de mémoire sans image » [3] et pour le *penser,* le remémorer ainsi entendu équivaut à *l'acte de dessiner* qui désigne le vivant temporel à partir d'une icône. « Le remémorer est acquis d'une image en tant qu'icône de ce dont elle est l'image » [4]. Benjamin tient la mémoire pour « médium du vécu, comme le sol est le médium dans lequel les villes antiques gisent ensevelies. Celui qui cherche à se rapprocher de son propre passé enseveli doit se comporter comme un homme qui fait des fouilles ». Et Benjamin ajoute :

> « Car les teneurs chosales sont de simples strates qui ne livrent l'enjeu même de la fouille qu'au prix de la recherche la plus minutieuse. Images,

> qui se lèvent, détachées de tous liens anciens, telles des bijoux dans les chambres dépouillées de notre intelligence tardive, telles des torses dans la galerie du collectionneur. Il est utile certes, pendant les fouilles de procéder selon des plans; mais la bêche prudente et tâtonnante, elle aussi, est indispensable dans le sol sombre. Et il se leurre complètement celui qui se contente de l'inventaire de ses découvertes sans être capable d'*indiquer dans le sol actuel le lieu et la place où est conservé l'ancien. Car les véritables souvenirs ne doivent pas tant rendre compte du passé que décrire précisément le lieu où le chercheur en prit possession* »[5].

Pour Benjamin, le modèle de la parole épique accorde précisément à l'*image* – émanant du véritable souvenir – le pouvoir du ressouvenir. Cela suppose – ainsi que Benjamin le montre dans son essai sur *Proust* – que la (re) mémoration œuvre dans son écriture de tissage plutôt avec l'*oubli* qu'avec le contenu du souvenir.

> « La 'mémoire involontaire' de Proust n'est-elle pas, en effet, beaucoup plus proche de l'oubli que de ce qu'on appelle en général le souvenir ? Et ce travail de mémoration spontanée, où le souvenir est l'emballage et l'oubli le contenu, plutôt qu'un nouveau travail de Pénélope, n'en est-il pas le contraire ? Car ici c'est le jour qui défait ce qu'a fait la nuit. Chaque matin, lorsque nous nous réveillons, en général faibles et inattentifs, nous ne tenons en main que quelques franges de la tapisserie du vécu que l'oubli a tissée en nous »[6].

En un sens, l'*oubli* est l'opération de l'image – le rêve – et la (re) mémoration de l'événement de la vie n'apporterait rien au jour si elle ne réservait pas au jour son sommeil de la nuit. La mémoire croit qu'elle dispose des événements du passé comme si ceux-ci étaient accessibles par intention diurne et comme s'ils étaient toujours restés vécus en plein jour. Les lieux de la mémoire peuvent-ils être autrement que ces lieux formés par l'obscurité du sommeil ? Et l'intense visualité qu'ils possèdent lorsque la parole les éveille ne procède-t-elle pas de l'obscurité de l'oubli – que l'on peut aussi appeler, ici, « refoulement ».

Aussi près que soit ici Walter Benjamin d'une compréhension freudienne de la mémoire, ce qui lui fait inévitablement défaut c'est l'expérience de la situation analytique. Cette situation – ainsi que j'aime à le rappeler avec un titre d'André du Bouchet – peut être dite « ici en deux ». La *situation* est engendrée par un *site* que seul le langage peut occuper : ce n'est pas, en effet, la présence en personne de l'analyste qui occupe ce site à moins de voir ce site aussitôt disparaître. Et si aucune situation analytique ne saurait pourtant se concevoir sans cette « présence en personne », dès 1890 (« Traitement psychique – Traitement d'âme ») Freud prend soin de signifier comment cette *présence* sollicite l'hallucination négative et donc l'absentisation de la présence par l'effet de la parole. Le propre de cette situation n'est pas tant de « représenter » un lieu ou un espace que de rendre la parole puissante d'engendrement de lieux. Et c'est précisément cela qui mérite ici notre attention. Comme nous l'avons déjà laissé entendre, la situation analytique serait cette situation selon laquelle les *lieux de la mémoire* impliquent dans leur production qu'il y ait « ici en deux ».

Dans son texte de 1937 « Constructions dans l'analyse », Freud rappelle une fois encore que, dans la cure analytique, « ce que nous souhaitons, c'est une image fidèle des années oubliées par le patient, image complète dans toutes ses parties essentielles ». Cette image complète ne saurait, évidemment, être produite par le patient directement : celui-ci ne livre progressivement que du matériau constitué de fragments ou d'idées incidentes.

> « Ici – ajoute-t-il – nous devons nous rappeler que le travail analytique consiste en deux pièces entièrement distinctes, qui se jouent sur deux scènes séparées et concernent deux personnages dont chacun est chargé d'un rôle différent ».

Et un peu plus loin :

> « Nous savons tous que l'analysé doit être amené à se remémorer quelque chose qu'il a vécu et refoulé, et les conditions dynamiques de ce processus sont si intéressantes qu'en revanche l'autre partie du travail, l'action de l'analyste, est reléguée à l'arrière plan. De tout ce dont il s'agit, l'analyste n'a rien vécu ni refoulé ; sa tâche ne peut pas être de se remémorer quelque chose. Quelle est donc sa tâche ? Il faut que, d'après les indices échappés à l'oubli, il devine ou, plus exactement, il *construise* ce qui a été oublié (...)
>
> «Son travail de construction ou, si l'on préfère, de reconstruction présente une ressemblance profonde avec celui de l'archéologue qui déterre une demeure détruite et ensevelie, ou un monument du passé » [7].

Freud prend soin de préciser que la tâche de l'analyste est identique à celle de l'archéologue à ceci près que l'analyste travaille « sur quelque chose qui est encore vivant et non sur un objet détruit » : l'essentiel de l'objet psychique – apparemment complètement oublié – subsiste au travers de cet oubli notamment grâce à la situation analytique et à la répétition infantile dans le transfert. Précisément c'est ce *présent de l'oubli* qui est généralement extrêmement intense et qui accorde à l'analyste, dans chaque cure, l'*imagination* – cette *Kraftbildung* – de la *construction*. Comme s'il fallait énoncer cette sorte de paradoxe : tandis que l'analyste ne peut se remémorer ce que le patient a vécu, il lui revient pourtant de *former la mémoire de l'infantile*, c'est-à-dire de donner *lieu psychique* à des événements de la remémoration. C'est seulement parce que la parole transférentielle – dans sa force hallucinatoire – produit ce *pouvoir d'image*, que la construction est en mesure d'engendrer les *lieux de la mémoire* du récit de la remémoration.

On sait que Freud, dans ce texte sur les *Constructions* prend soin d'abord d'examiner de quelles façons « négatives » le patient se comporte en présence d'une construction qui lui est communiquée : l'acquiescement de sa part à la construction proposée par l'analyste n'étant certainement pas la preuve que celle-ci a eu accès à des contenus refoulés, l'intérêt se trouve plutôt porté à cette opposition qui entraîne avec elle l'*émergence* de « souvenirs très vivaces » qualifiés d' « excessivement nets ».

> Les patients « retrouvaient cependant non pas l'événement même qui était le contenu de la construction, mais des détails voisins de ce contenu, par exemple, avec une extrême précision, les visages des personnes qui y figuraient, ou les pièces dans lesquelles quelque chose de semblable aurait pu se passer, ou bien encore, de façon un peu éloignée, les objets contenus dans ces pièces et que la construction ne pouvait évidemment pas connaître. Cela se produisait aussi bien dans les rêves survenant immédiatement après la communication, que dans des états de rêverie diurne » [8].

L'analogie entre ces souvenirs-écrans et des hallucinations ne soustrait rien de la véracité de ces *lieux* subitement restitués à la mémoire : il convient plutôt d'affirmer que l'*hallucinatoire* comporte ce « retour d'un événement oublié des toutes premières années, de quelque chose que l'enfant a vu ou entendu *à une époque ou il savait à peine parler* » [9]. Il est, en effet, très remarquable que ces *lieux de la mémoire* semblent d'autant plus nets et précis dans leur intense fulguration qu'ils sont situés, en quelque sorte, *en deçà de la parole.* Ce que l'on pourrait confirmer aujourd'hui par l'observation du très jeune enfant auquel on reconnaît cette acuité de sensibilité à l'environnement spatial et surtout aux signifiants d'un tel environnement. Ainsi pourrait-on soutenir cette hypothèse que l'activité hallucinatoire du remémorer – en effet de même nature que le rêve – fait ici jouer à la parole une fonction de *résonance différée,* recueillant un matériau sensoriel extrêmement varié et vivant et en assurant le refoulement nécessaire sans lequel l'appareil psychique ne pourrait se constituer. Cette fonction de résonance différée – les signifiants verbaux devenant ultérieurement aptes, dans certaines conditions, à restituer les traces sensorielles de contenus mnésiques restés dans l'oubli – serait précisément celle de la (re) mémoration transférentielle hallucinatoire. Dans la cure analytique, on distinguerait en effet chez le patient une remémoration de nature mélancolique qui intentionnalise de façon consciente les événements du passé comme si ceux-ci étaient marqués par la causalité et cette (re) mémoration faisant surgir avec une très grande force – vécue le plus souvent comme bouleversante – des visages et des lieux dont le contenu événementiel reste inconnu.

La *construction* de l'analyste est peut-être moins un énoncé que la disposition qui s'impose à lui – proche de l'action d'imaginer et de deviner – avec une conviction d'évidence tout à fait comparable au délire. C'est l'hypothèse audacieuse à laquelle Freud nous conduit. S'il s'agit d'accéder à une *vérité historique,* c'est au présent du rêve et du transfert qu'il convient de confier la *formation de la construction.* De ce point de vue, les *lieux de la mémoire* ne peuvent que procéder d'une parole dont le silence qui l'écoute est *site du langage.* Car la *construction* – terme beaucoup plus juste *topiquement* que celui de reconstruction – est aussi *construction du site de la situation.* C'est à cette condition, dirait-on, que le (re) mémorer procède tel un dessin sur le vivant. Un dessin et aussi une *écriture.*

Dès le premier entretien avec un patient, l'imagination de l'analyste peut-être fortement sollicitée en une sorte de *vue directe* sur le passé le plus ancien de la vie. C'est une telle vue qui justifiait l'emploi par Freud du terme « deviner » comme équivalent à celui de « construire ». Il est vrai que cette vue va progressivement, dès le commencement de la cure, s'atténuer et se modifier comme si la parole du patient contribuait à régler l'attention flottante et contribuait ainsi à éviter l'irruption d'interprétations qui émaneraient trop brusquement de la seule subjectivité de l'analyste. Le terme de *construction* conserve l'idée d'une activité d'*image* formée par le transfert tout en comportant une élaboration et une perlaboration contre-transférentielles du matériau recueilli. Mais ce qui nous intéresse ici c'est ce qu'on peut bien désigner par *topos de la construction* qui concerne la mémoire de l'infantile et la modalité de son écriture. L'écriture de cette mémoire – qui se recueille généralement en « notes de séances » – n'est pas la transcription des paroles entendues pour qu'elles soient enregistrées et conservées : cette écriture de la mémoire est bien plutôt ce *dessin* en constante transformation du *topos de la construction*. Et ce qu'on entend par *supervision* devrait pouvoir signifier – qu'il s'agisse de l'écriture quotidienne des notes de séances ou de la communication auprès d'un tiers – l'instauration du site du langage, qui est le mouvement même de l'imagination de la mémoire anachronique de l'infantile. Cette instauration n'est jamais acquise une fois pour toutes : elle est toujours une constante ré-instauration [10].

Freud recommandait aux analystes d'éviter de prendre en notes les propos du patient au cours de la séance et de faire plutôt confiance en la « mémoire inconsciente ». Une telle recommandation technique procédait de cette considération que l' « attention égale en suspens » (« *gleichschwebende Aufmerksamkeit* ») est une sorte de fonction économique de la réception aux libres associations du patient. Dans ces conditions, la prise de notes en séance équivaudrait à une écriture matérialisée de la parole associative – une inscription en mémoire – qui dénierait à cette parole ce qu'elle est, à savoir le présent réminiscent d'un passé anachronique. Car la parole associative est transférentiellement une parole qui engendre ses lieux par les déplacements qu'elle produit. Le mot freudien de *entstellen* signifie ce mouvement des lieux, ceux-ci n'existant que par l'action des mots.

Au delà des recommandations techniques avancées par Freud, on devrait en effet prêter une attention majorée à ce que nous avons appelé « cahiers de la nuit » – ces cahiers qui reçoivent après-coup une *écriture de parole* [11]. Cette écriture ne vise pas en effet le compte-rendu ni même le « journal » mais elle serait au plus près du rêve de l'analyste. Elle accorde aux mots leur nomination de chose et c'est cette écriture qui est *écriture de la mémoire*. Comme s'il fallait, en effet, parler d'une mémoire inconsciente là où des mots reçoivent de la nuit leur vision. C'est de cette écriture que procède en ce sens l'*écoute analytique* – jusque dans la voix et le temps des mots prononcés.

D'un point de vue théorique, sans doute rejoindrait-on ici les propositions avancées par Freud dès la *lettre 52* et jusqu'au *Bloc-notes magique*. La lettre 52 à Fliess (datée du 6 décembre 1896) énonce cette idée qui sera constante : « conscience et mémoire s'excluent l'une l'autre ». Mais dans cette lettre où le radical *Schrift* (écrit) intervient dans une vingtaine de mots composés, il convient de citer ce que Freud tient alors pour son hypothèse novatrice :

> « Tu sais que je travaille avec la supposition que notre mécanisme psychique est engendré par stratification en ce que le matériel qu'on a sous la main des traces mnésiques subit de temps en temps un *réordonnancement* selon de nouvelles relations, une *réécriture*. Ce qui est essentiellement neuf dans ma théorie est alors l'affirmation que la mémoire est disponible non pas d'une façon simple, mais multiple, couchée en différentes sortes de signes (...)
>
> En l'état de sa pensée, Freud veut « mettre en relief que les inscriptions qui se suivent l'une l'autre représentent l'accomplissement psychique d'époques successives de la vie. C'est à la frontière de deux telles époques que la traduction du matériel doit s'effectuer ».

Vient alors cette hypothèse devant rendre compte des particularités des psychonévroses que « la traduction, pour certains matériaux ne s'est pas effectuée (...) Chaque transcription ultérieure inhibe la précédente et dérive le processus d'excitation de celle-ci (...)

Les « survivances » anachroniques que l'on constate dans la vie psychique - et qui sont, à ce titre, les symptômes – témoignent d'un défaut de traduction du matériel. « La défaillance de traduction, c'est ce qui s'appelle cliniquement le refoulement. Le motif de celui-ci est toujours une déliaison de déplaisir qui se produirait par traduction, comme si ce déplaisir provoquait une perturbation de pensée qui n'admettrait pas le travail de traduction »[12].

Ces propositions et hypothèses vont tout à fait à l'encontre d'une conception de la mémoire comme acte conscient de restitution du passé. La *mémoire réécrit* et c'est cette réécriture qui est en œuvre dans l'analyse. Mais une telle réécriture ne peut se produire que si la parole engendre un *topos de la construction* rendant possible la traduction là où elle avait fait défaut.

L'*appareil de mémoire* que représente le « bloc-notes magique » permet, comme on le sait, de conserver une écriture dans la cire tandis que la surface, grâce aux deux feuillets ajustés, redevient chaque fois toujours disponible à de nouvelles inscriptions.

L'écriture sombre est invisible sans un éclairage approprié.

> « La couche réceptrice de stimulus – le système *Pc – Cs* – ne forme pas de traces-durables ; ce qui fonde les souvenirs se produit dans d'autres systèmes avoisinants »[13].

L'analogie entre l'appareil et l'organe-prototype cesse avec cette considération que « le bloc-notes magique ne peut pas « reproduire » de l'intérieur l'écriture une fois qu'elle est effacée ». Qu'une écriture ainsi conserve la mémoire des traces sans qu'elle soit directement lisible tandis que la lisibilité d'une inscription appartient à une surface de contact constamment effaçable pour que la saturation soit évitée, offre en effet l'analogie de ce qui se passe entre les systèmes *Ics* et *Pc – Cs*. Ce qui nous intéresse ici c'est cette idée que l'écriture sombre – illisible directement – pourrait désigner l'écriture de la mémoire qui a lieu *ailleurs* que là où son effet est matérialisable. L'analogie peut donc servir la *situation analytique.* La parole associative produit les conditions de la surface de l' « attention égale en suspens » : du moins cela est possible pour autant que cette attention procède de la capacité analytique de constituer un miroir réceptif neutre. Et l'analyste qui perçoit toutes tentatives du patient de défaire ce miroir et de le chasser de sa neutralité, a pour tâche de rétablir les conditions satisfaisantes pour que la parole redevienne associative. La parole n'est pas faite ici pour l'archive – elle est faite, dirait-on, pour l'effacement de la surface qui la reçoit. Et c'est parce qu'elle est ainsi – parce que sa lisibilité est de pure apparence effaçable – que l'écriture de la mémoire n'a pas d'autre matérialité que celle du fond obscur nécessaire à la lisibilité d'une parole qui n'a elle pas d'autre matérialité que celle de son matériau psychique. La mémoire inconsciente de l'analyste est ce à partir de quoi la parole de l'analysant acquiert le pouvoir de ses lieux.

Nous disions en commençant que le *site* de la *situation* analytique ne saurait être occupé par la personne de l'analyste bien qu'aucune analyse ne puisse avoir lieu sans sa *présence en personne.* Et le présent transférentiel de la parole analysante porte l'hallucination négative dans la dynamique de sa régression, absentisant la présence en personne. Le site est *topos* – lieu des lieux – de cette mémoire dont on dirait peut-être qu'elle conserve tout l'essentiel et ne retient rien.

Notes

1. S. Freud, *Des souvenirs-couverture,* 1899, in *Oeuvres complètes,* III, Paris, P. U. F., 1989.
2. W. Benjamin, *Livres des passages* cité par S. Mosès, *L'ange de l'histoire,* Paris, Le Seuil, 1992, p. 149.
3. Aristote, *Petits traités d'histoire naturelle,* Paris, Editions Les Belles Lettres. Nous souscrivons ici aux aimables suggestions de traduction de Pascal Padovani.
4. *Ibid.*, 405 a 13.
5. W. Benjamin, *Denkbilder, Gesammelte Schriften,* IV – I, Frankfurt, Suhrkamp Verlag, 1972, p. 400. Nous citons ici la traduction de C. Perret dans son livre *Walter Benjamin sans destin,* Paris, La Différence, 1992.
6. W. Benjamin, *Mythe et violence I,* Paris, Denoël, 1971, traduction de Maurice de Gandillac, p. 316.
7. S. Freud, *Constructions dans l'analyse,* 1937, in *Résultats, Idées, Problèmes,* II, Paris, P. U. F., 1985 (traduction française de E. R. Hawelka, U. Huber, J. Laplanche), p. 210– 271.
8. *Ibid.*, p. 278.
9. *Ibid.*, p. 279.
10. Nous renvoyons ici à notre travail *Le site de l'étranger,* Paris, P. U. F., 1995.
11. P. Fédida, *Cahiers de la nuit,* in *Genesis – Manuscrits, recherche, invention,* 8, 1995.
12. *Littoral,* traduction de Anne Porge et Mayette Vietard.
13. S. Freud, *Note sur le bloc-notes magique,* 1925, in *Résultats, Idées, Problèmes,* II, traduction française de J. Laplanche et J.-B. Pontalis, *op. cit.* p. 123.

ISRAEL ROSENFIELD

L'étrange, le familier et l'oublié : mémoire, langage et « image du corps »

LA DISTINCTION ENTRE la mémoire comme stockage d'informations et la mémoire comme remémoration consciente n'a guère troublé les psychologues, les philosophes ou les neurobiologistes. Seule exception, Sigmund Freud qui pensait qu'on ne pouvait pas comprendre la conscience indépendamment de l'inconscient et que les processus conscients étaient très différents des processus inconscients. Selon lui, les souvenirs emmagasinés, quand ils parvenaient à la conscience, le faisaient rarement sous la forme qui était la leur à l'état inconscient. La théorie freudienne visait, entre autres, à expliquer pourquoi. Toutefois, elle n'est pas parvenue à rendre compte de la nature des souvenirs « emmagasinés ».

C'est également Freud qui notait que lorsque de nouvelles théories supplantent les anciennes, certains concepts fondamentaux subissent des transformations radicales, comme ce fut le cas pour la notion d'atome au début du XXe siècle. De même, les concepts sur lesquels reposait la psychologie moderne allaient, selon lui, changer de manière imprévisible. En 1915, il écrivait :

« Nous avons souvent entendu formuler l'exigence suivante : une science doit être construite sur des concepts fondamentaux clairs et nettements définis. En réalité, aucune science, même la plus exacte, ne commence par de telles définitions.... Ce n'est qu'après un examen plus approfondi du domaine de phénomènes considérés que l'on peut aussi saisir plus précisément les concepts scientifiques fondamentaux qu'il requiert et les modifier progressivement pour les rendre largement utilisables ainsi que libres de toute contradiction. C'est alors qu'il peut être temps de les enfermer dans des définitions. Mais le progrès de la connaissance ne tolère pas non plus de rigidité dans les définitions. Comme l'exemple de la physique l'enseigne de manière éclatante, même les « concepts fondamentaux » qui ont été fixés dans des définitions voient leur contenu constamment modifié. »

La psychologie du XXe siècle et les neurosciences n'ont pas rempli les espoirs de Freud. Particulièrement visible est leur échec à expliquer la différence entre souvenirs conscients et souvenirs inconscients, ce qui montre combien nous sommes encore loin de comprendre les phénomènes psychiques. Au XXe siècle, comme au XIXe, la psychologie tient pour acquis qu'il existe, stockés dans le cerveau, des souvenirs spécifiques et reproductibles, susceptibles d'être partiellement ou complètement détruits. La plupart des troubles neurologiques, comme, par exemple, les différents désordres du langage, expressif ou réceptif, oral ou écrit, sont avancés comme preuve de cet axiome. Les patients semblent perdre des souvenirs et des fonctions cérébrales déterminées, tout comme une mémoire ou un programme peuvent être effacés d'un ordinateur. Pourtant, on n'a jamais réussi à « localiser » des souvenirs isolés dans le cerveau ; plus surprenant encore, après une lésion cérébrale, la mémoire des lieux ou des événements est profondément modifiée, mais pas nécessairement perdue.

Il est banal de dire que les neurosciences contemporaines doivent au XIXe siècle leur « postulat de base » : la localisation des fonctions, autrement dit l'idée qu'il existe dans le cerveau des zones correspondant à des fonctions psychiques déterminées. Pourtant, le succès même de ce postulat du XIXe siècle est étrange ; en effet, alors qu'ils décrivaient des troubles des fonctions linguistiques dues à des lésions cérébrales, les neurologues ne s'interrogeaient pas sur les notions de « signification », de « compréhension » ou même de conscience, ni sur les rapports que ces notions pouvaient entretenir avec la mémoire. Tout aussi étrange fut ensuite la proclamation selon laquelle on avait découvert les centres visuels dans le cerveau, comme si la vision était une opération en tout point semblable à celle d'un appareil-photo saisissant des images. Personne ne se demandait comment nous prenons conscience de ce que nous voyons.

Les travaux réalisés en 1881 par H. Munk sur un chien atteint d'une lésion cérébrale ayant provoqué une « cécité psychique » (*Seelenblindheit*) sont tout à fait représentatifs des recherches qui ont tant marqué les neurosciences contemporaines. Ce chien voyait les objets, mais ne les reconnaissait pas. Par la suite, Paul Flechsig suggéra que le cerveau possédait des zones corticales « primaires » directement reliées aux organes sensoriels et des « centres associatifs » où les « qualités psychologiques » étaient associées aux informations sensorielles. Ainsi, on peut voir une chaise sans comprendre ce que c'est; savoir que c'est une chaise exige des informations fournies par le centre associatif. Les études cliniques semblaient valider l'hypothèse selon laquelle « comprendre » et « percevoir » représentaient deux fonctions distinctes. Comme le chien de Munk, un homme pouvait voir et cependant ne pas « reconnaître » ce qu'il voyait (agnosie). Mais la vision des formes est-elle réellement indépendante de leur reconnaissance?

Récemment a été découverte une zone cérébrale qui, tout en étant essentielle pour la perception des couleurs, ne fait pas partie de ce que Flechsig appelait le cortex primaire. Les patients dont le « centre des couleurs » a été détruit ne perdent pas seulement la vision des couleurs; ils ne se rappellent pas ce que sont les couleurs ni comment c'était que de voir le monde en couleur. Un peintre devenu aveugle aux couleurs à la suite d'une lésion cérébrale racontait qu'il ne pouvait plus aller au musée pour contempler les tableaux impressionnistes qu'ils connaissait si bien auparavant. Il ne les comprenait plus, ne s'en souvenait plus et n'arrivait même pas à imaginer à quoi ressemblait une couleur. Ses capacités linguistiques étaient intactes et il savait encore qu'il existait une chose appelée « couleur », mais il n'en connaissait plus le sens.

De même, les patients atteints de cécité à la suite d'une lésion cérébrale (destruction des centres visuels) continuent d'employer le mot « voir », manifestement sans comprendre ce qu'il signifie ni se souvenir de ce qu'il signifiait. Un patient regardait pendant des heures la télévision et quand quelqu'un lui disait qu'il « voyait » un homme traverser l'écran en courant, il se mettait à fabuler, affirmant « voir » toutes sortes de choses étranges sur l'écran. Apparemment, pour lui, « voir » ou « regarder la télévision » voulait dire inventer des histoires à partir des sons qui s'échappaient de l'appareil. Ainsi, une lésion cérébrale localisée n'entraîne pas une perte de la capacité de percevoir *ou* de comprendre, mais de percevoir *et* de comprendre. Ce ne sont pas des souvenirs précis qui s'effacent; c'est la remémoration et la compréhension d'un certain type d'expérience qui n'est plus possible : l'individu ne se rappelle plus, ne comprend plus ce que signifie « voir » ou ce que sont les « couleurs ». Perdre la vision (en général ou seulement des couleurs) à la suite d'une lésion cérébrale fait également perdre la *notion* de vision. Une lésion cérébrale entraîne une restructuration des connaissances du patient.

Ce qui, après une lésion cérébrale, apparaît comme des pertes de mémoire – l'incapacité à voir les couleurs ou à comprendre certains mots – est en fait très différent de nos banals trous de mémoire. Quand je dis à quelqu'un : « Je suis désolé, mais je ne me souviens plus de votre nom, » je veux dire : « Je sais que vous avez un nom et je sais ce que signifie avoir un nom, mais pour l'instant il m'échappe. » Bien que je n'arrive pas, sur le moment, à le restituer, ce nom fait encore, d'une certaine façon, partie de mes connaissances en général. En effet, si cette personne me le dit, je le reconnaîtrai instantanément. Les pertes de mémoire dues à une lésion cérébrale sont d'une tout autre nature. Les patients ne savent pas qu'ils connaissaient autrefois tel nom ou tel fait ; pour eux, ce souvenir n'existe pas et n'a jamais existé : ils ne le perçoivent pas comme quelque chose qui a été oublié, mais comme quelque chose qui n'a jamais été su et ne peut pas être su. Ils sont incapables d'apprendre ce nom ou ce fait, car il ne s'intègre pas dans la structure de leurs connaissances sur le monde.

En fait, il existe un lien étroit entre la façon dont nous acquérons nos compétences sensorielles, dont nous apprenons à voir, à entendre, etc., et notre compréhension du monde extérieur. Un aveugle de naissance qui acquiert ensuite la vision percevra toujours les dessins en deux dimmensions comme des objets tridimensionnels. Il n'arrive pas à comprendre comment trois dimensions peuvent être « représentées » sur une surface plane. En outre, il lui est difficile d'apprécier les distances ou la taille des objets. Récemment, une patiente qui avait recouvré la vue racontait qu'elle trouvait les couleurs particulièrement déprimantes parce qu'elles ressemblaient à des nuages informes flottant dans l'espace ; elles n'étaient jamais attachées à un objet ou à une surface.

Le cas des aveugles de naissance qui plus tard acquièrent la vue montre que notre reconnaissance de l'espace tridimensionnel, des distances, de la taille et de la forme des objets s'acquiert lorsque les stimulus visuels se combinent à ceux du toucher et du mouvement. L'aveugle-né qui récupère la vue est gravement handicapé dans sa capacité à créer de nouveaux types d'abstractions ; son cerveau est incapable de saisir la bidimensionnalité. Tout se passe comme si la façon dont il utilise le mouvement et le toucher pour explorer son environnement l'empêchait, une fois qu'il a acquis la vue, de « concevoir » autre chose qu'un monde tridimensionnel. De même, la capacité de percevoir le lien entre une forme et une couleur est perdue. Les nouvelles sensations de couleur n'ont pas de place dans le seul type de monde que l'aveugle peut appréhender – d'une certaine façon, son savoir sur le monde est d'une rigidité insurmontable. Sa capacité nouvellement acquise de percevoir les couleurs déroute son cerveau et il sombre dans la dépression et la confusion.

Bien entendu, dans les conditions normales, notre perception des couleurs est associée à l'exploration physique de notre environnement qui commence presque dès la naissance. Si, durant notre enfance, nous sommes privés de certaines sensations (par exemple, la couleur dans le cas d'une cécité), plus tard, notre cerveau ne pourra plus intégrer les nouvelles sensations dans la « compréhension » du monde acquise durant cette enfance. (En fait, il est probable qu'un aveugle de naissance qui acquiert plus tard la vue ne pourra *jamais* voir les couleurs attachées aux objets.) Manifestement, le mouvement, l'activité motrice conditionne notre capacité de percevoir (et de comprendre) le monde qui nous entoure.

En fait, toutes nos perceptions – la conscience au sens large – font partie d'un continuum, d'un « stream of consciousness ». C'est grâce aux mouvements du corps que le cerveau intègre le flot ininterrompu de nos perceptions, ce qui montre combien le savoir conscient diffère des informations stockées dans un ordinateur ou dans un livre. Les unités de « savoir » que nous enregistrons dans des livres ou que nous transmettons dans des images ne sont que des instantanés extraits du flux dynamique d'une expérience impossible à interrompre, à reproduire et à exprimer.

La profonde différence qui sépare le savoir conscient comme ensemble de relations et l'information comme ensemble d'éléments isolés est bien mise en évidence par la célèbre « expérience phi ». Deux sources de lumière légèrement éloignées l'une de l'autre, l'une verte, l'autre rouge, sont alternativement projetées sur un écran. Nous ne voyons pas les lumières rouge et verte s'allumer l'une après l'autre, mais d'abord la lumière verte, puis l'image *en mouvement* d'une lumière verte devenant rouge, puis la lumière rouge. Bien que nous percevions une seule image en mouvement changeant de couleur, nous sommes en réalité en train de regarder deux stimulus de couleurs différentes qui s'allument successivement et ne bougent pas. Quand nous regardons un film, nous regardons également des images fixes ; et pourtant, nous voyons du mouvement. Le problème que le cerveau résoud dans cette expérience phi et au cinéma est le même que celui auquel il est confronté quand nous observons un objet immobile ou en mouvement. Comment savons-nous qu'il s'agit toujours du même objet ? Comment savons-nous que nous sommes en train d'observer la même ampoule électrique ? Ou encore, que l'ampoule que vous venons d'observer pendant quelques instants est la même que celle qui vient de s'éteindre ? Nous savons que c'est la même ampoule parce que la perception consciente repose sur le fait que le cerveau établit un lien entre les stimulus d'un moment donné et ceux du moment immédiatement précédent.

Nous voyons une lumière verte se déplacer et devenir rouge, parce que le cerveau met en relation l'apparition de la lumière rouge avec l'ensemble des stimulus immédiatement précédents – la lumière verte légèrement décalée – et nous fait ainsi prendre conscience du lien entre les deux ensembles de stimulus : « une lumière verte qui se déplace et devient rouge » est une mise en relation, et cette mise en relation n'est autre que la conscience. C'est ainsi que le cinéma nous donne l'illusion du mouvement, alors qu'en fait nous regardons une succession d'images fixes. Nous ne percevons pas les images individuellement, mais la relation entre une image et la suivante ; et cette relation se manifeste sous la forme d'une image consciente en mouvement. La sensation du mouvement ne peut exister que dans la conscience, et non dans une image enregistrée dans le cerveau.

La conscience est donc un flux de relations, une continuité entre des moments et non ces moments eux-mêmes. La perception consciente s'inscrit dans le temps ; la continuité découle des correspondances que le cerveau établit entre un moment et l'autre. S'il n'en était pas ainsi, si nous percevions une collection de moments sans lien entre eux et impossibles à relier, nous serions incapables d'acquérir une connaissance et une compréhension du monde. Telle est la raison pour laquelle le savoir conscient est si différent de l'information mise en mémoire dans un ordinateur. Toutefois, sans motricité, il n'y aurait ni conscience, ni mémoire, ni perception. Pour intégrer l'expérience sensorielle, le cerveau doit se construire une « image du corps » à la fois inconsciente et dynamique. Devant tenir compte des perpétuels changements du corps dans le temps, cette représentation est hautement abstraite. En temps normal, nous ne nous imaginons pas nous-mêmes ou nous n'imaginons pas nos amis sous forme d'images « fixes », car il ne peut y avoir de représentations « fixes » du corps dans le cerveau. En revanche, la structure générale et abstraite de la représentation du corps dans le cerveau – au sens où nous pouvons dire du mouvement des planètes en termes abstraits mais généraux qu'il a la forme ou la structure d'une ellipse – détermine les notions (visuelles) « générales » et conscientes que nous avons de notre corps. Bien plus, cette « structure » abstraite est une composante indispensable des processus cérébraux qui créent les formes que nous voyons.

Cependant, cette représentation abstraite peut être déformée ou gravement altérée par une lésion cérébrale ; l'idée que l'individu se fait de son corps se trouvera alors altérée, mais aussi toutes ses perceptions et tous ses souvenirs. Cette représentation constitue donc LE cadre de référence de toutes les sensations et joue probablement un rôle déterminant dans la formation de notre sentiment de subjectivité.

L'importance de cette image inconsciente du corps pour toute expérience sensorielle, et donc pour la conscience, devient évidente si l'on compare le fonctionnement normal du cerveau et son fonctionnement pathologique. Ainsi, un individu qui a perdu un bras ou une jambe à la suite d'un accident ou d'une intervention chirurgicale continue d'avoir des sensations dans ce membre manquant (aussi appelé membre « fantôme »). Sur tous les autres plans, cependant, ses perceptions et ses souvenirs restent parfaitements normaux. Encore plus étrange, les enfants nés avec un bras ou une jambe en moins ont parfois, eux aussi, des sensations dans ce membre « manquant ». Il semblerait que nous soyons nés avec un cerveau qui a la capacité de se créer une image interne du corps qui ne correspond pas forcément au corps tel qu'il est.

Inversement, il existe un trouble neurologique lié à une lésion cérébrale dans lequel le patient nie qu'un de ses bras ou une de ses jambes lui appartienne. Le qualifiant d'« objet bizarre et étranger », il pousse ce membre hors de son lit et déclare à celui qui se trouve là : « C'est à vous. » Quand on lui fait remarquer que si c'était vrai, cela voudrait dire que cette personne a trois bras, par exemple, il hausse les épaules et déclare que cela n'a rien d'extraordinaire. De plus, il ne se souvient pas avoir jamais utilisé ce bras ou cette jambe. Il a oublié qu'autrefois il marchait. Il s'est forgé une « vision » du monde totalement nouvelle, dans laquelle les individus à trois jambes sont tout ce qu'il y a de plus banal.

Que les patients atteints du syndrome du membre fantôme (et les enfants nés avec un bras ou une jambe en moins) aient des perceptions et des souvenirs normaux – à côté de sensations paradoxales émanant d'un membre qu'ils savent ne pas avoir – prouve que l' « image » du corps dans le cerveau joue le rôle de cadre de référence pour toutes les sensations corporelles, et est donc au fondement de ma relation au monde extérieur. « Moi » et « l'autre » existons grâce à cette relation. Le phénomène du membre fantôme se produit parce que la perception et la remémoration normales ont apparemment besoin de l'image d'un corps intègre. Cette image est si cruciale que le cerveau choisit d'ignorer que le corps n'est pas intègre.

En revanche, les patients qui ressentent l'un de leurs membres comme étranger ont des perceptions et des souvenirs pathologiques, bien que leur corps soit parfaitement intact. Dans leur cas, l'image du corps dans le cerveau a subi un traumatisme neurologique, entraînant une complète restructuration de leurs schémas de pensée. Paradoxalement, le fonctionnement normal du cerveau requiert l'image interne d'un corps intègre, d'où le syndrome du membre fantôme, alors qu'un dysfonctionnement cérébral dans un corps parfaitement normal déforme la perception qu'on a de son propre corps et du monde autour de soi.

De même, les patients incapables de reconnaître les objets qu'ils perçoivent (agnosie) présentent des troubles suggérant un dysfonctionnement de l'image interne du corps. Ainsi, un patient ne pouvait pas s'orienter les yeux fermés ; il était incapable de dire *où* était son bras quand il avait les yeux bandés. Comme les patients ayant le sentiment d'avoir un membre étranger, ceux qui souffrent de troubles du mouvement (apraxies) ont l'impression que leurs mouvements ne leur « appartiennent » pas. Bien plus, ils sont incapables d'effectuer de simples gestes mécaniques sans points de repères *extérieurs*. Un patient pouvait planter un clou dans un panneau de bois, mais si on retirait le panneau pendant qu'il frappait avec le marteau, son bras restait figé en l'air. Ces troubles laissent penser que ces patients n'ont pas d'image interne du corps, pas de cadre interne de référence ; bien que pouvant effectuer certains gestes lorsqu'ils disposent de données externes, ils ne reconnaissent pas ces gestes comme leurs.

Nos capacités linguistiques sont elles aussi liées à ces fonctions motrices. Souvent, les patients souffrant de troubles du langage (aphasies) ne saisissent pas les relations spatiales. Comme le rapportait le neurologue anglais Henry Head, beaucoup de ses patients aphasiques étaient capables de suivre des itinéraires familiers depuis leur domicile jusqu'à l'hôpital, mais ne pouvaient pas nommer les rues qu'ils empruntaient ou donner une description générale de leur parcours.

L'un d'eux disait qu'il ne pouvait pas se fixer un « point de départ, mais si on lui en donnait un, tout devenait beaucoup plus facile. »

Certains patients aphasiques ont des difficultés avec les notions de « droite », « gauche », « dessus », « dessous ». Comme l'a montré, il y a déjà longtemps, Van Woerkom : « Le patient ne peut pas indiquer les principales directions (vers la droite, vers la gauche, en haut, en bas), ni disposer deux bâtons parallèlement l'un à l'autre. Ce trouble affecte également son corps; il a perdu le schéma (l'image) de son corps; bien qu'il puisse localiser ses perceptions sensorielles, il ne peut pas les projeter. »

De très récentes études sur des enfants présentant des difficultés d'apprentissage de la lecture (dyslexie) laissent entrevoir la subtilité des relations existant entre le langage et l'activité motrice. Ces enfants semblent avoir des difficultés de mémorisation. En fait, ils sont incapables de produire ou d'entendre des combinaisons complexes de sons (par exemple, *ba, da*). Toutefois, si ces sons leur sont articulés très lentement, ils arrivent à les reconnaître – et finissent par comprendre le langage normal et lire sans difficulté. La rapidité du débit est une caractéristique du langage; indispensable à la coordination motrice de l'appareil phonatoire (mais aussi aux gestes du langage des signes), elle dépassait les capacités de ces enfants. Il est intéressant de constater que l'incapacité à effectuer des mouvements rapides entraîne une incapacité à lire et à comprendre le langage normal.

Les capacités motrices indispensables au langage ne s'acquièrent pas si facilement. Les enfants privés de contacts humains n'apprennent jamais à parler et leur perception du monde est certainement très différente de celle des autres enfants. En revanche, les enfants qui sont en contact avec leurs pairs mais sont privés d'un modèle adulte du langage apprendront à gesticuler et à babiller entre eux. Ils finiront par instaurer une forme de communication que nous pouvons qualifier de « gestuelle ». Cependant, en l'absence de modèle adulte, celle-ci ne deviendra jamais un véritable langage, doté de symboles et d'une grammaire sophistiquée. Avec le temps, les enfants normaux peuvent saisir, par abstraction, la nature symbolique et grammaticale du langage des adultes. Sans ce modèle, ils doivent créer par eux-mêmes les notions de grammaire et de symboles; or le processus de transformation des gestes en symboles abstraits et des relations entre symboles en grammaire est très long. Les schémas linguistiques généraux mettent des années à se former et ne peuvent à l'évidence pas le faire après la puberté. En fait, une seule génération d'enfants ne peut accomplir cette tâche ; seule, la seconde génération, qui a eu pour modèle le langage « gestuel » inventé par la précédente, peut créer, par abstractions successives, un véritable langage grammatical doté de symboles.

Ainsi, les enfants sourds n'ayant pas de modèle adulte de langage des signes développeront néanmoins un langage « gestuel ». Observant leurs échanges, les plus jeunes commenceront à s'exprimer entre eux en langage des signes et créeront une langue pleinement grammaticale pourvue d'une syntaxe comparable à celle des langages de signes modernes. C'est un même phénomène qui a été observé dans le développement du créole à partir du pidgin. Le pidgin apparaît lorsque des travailleurs immigrés de diverses origines linguistiques sont obligés de se forger un système de communication dans leur seconde langue commune. Celui-ci ressemble au langage gestuel des signes dans la mesure où sa grammaire est primitive ou non-existante. Les enfants des locuteurs pidgin inventent une langue créole (une vraie langue grammaticale), tout comme la seconde génération d'enfants sourds crée un langage des signes plus achevé.

L'apprentissage du langage exige donc que le sujet acquière la capacité de créer des séquences complexes de mouvements (la « forme » auditive des mots que nous entendons), des séquences de relations spatiales, plus sophistiquées mais analogues à l'image interne du corps dans le cerveau ; ce sont ces capacités motrices qui déterminent la reconnaissance et la compréhension du langage, ainsi que la lecture. En fin de compte, la mémoire sera, elle aussi, structurée par ces capacités motrices. En effet, même la mémoire visuelle est dépendante de nos descriptions orales des images mémorisées. Dès que nous avons acquis le langage, nous ne savons plus ce que signifie se « souvenir » dans un sens purement visuel.

Ces études montrent l'importance, non seulement de l'activité motrice dans l'organisation de notre expérience sensorielle et linguistique, mais aussi du temps et de son écoulement (éléments essentiels de toute activité motrice) lorsque le cerveau s'efforce de comprendre ce que nous entendons, voyons et touchons. Nous connaissons le monde, non pas comme une suite d'instants isolés, mais comme un flux continu d'événements et de perceptions. Ce que nous voyons à tel moment n'est pas indépendant de ce que nous voyions juste avant, tout comme la perception générale de notre environnement résulte d'une succession d'histoires individuelles. Le langage est l'expression la plus développée de ce « flot continu » de formes ; ce n'est pas une collection de mots qui peuvent être mémorisés ou oubliés, mais un « flot » structuré de perceptions et d'émissions. Il fait partie intégrante de la conscience humaine, tout comme nos souvenirs que nous ne pouvons connaître que consciemment : c'est fondamentalement une activité motrice. La subjectivité du langage, comme celle de nos perceptions en général, dépend de la création par le cerveau d'une image dynamique du corps, seul et unique cadre de référence pour toute notre activité sensorielle et motrice (y compris le langage oral et écrit). Si une lésion cérébrale altère la structure de ce cadre de référence, notre perception et notre compréhension du monde extérieur s'en trouveront altérées, mais aussi nos souvenirs du passé. Il n'y a pas plus de « lieu » dans le cerveau où les souvenirs seraient stockés qu'il n'y a de lieu où est emmagasiné le langage. Le langage et la mémoire font partie d'un processus plus large, la conscience, dont les mécanismes restent encore à bien des égards obscurs. Telle est la raison pour laquelle le savoir conscient diffère par nature de l'information reproductible, des photographies, par exemple, ou de l'information stockée dans un ordinateur.

L'image dynamique du corps dans le cerveau constitue donc un cadre de référence unique pour toutes les activités cérébrales et représente le fondement neurologique de notre subjectivité. C'est ce cadre de référence qui donne leur continuité à nos souvenirs en perpétuel devenir. Cette perspective et ce sentiment de continuité – la subjectivité de tous les actes mentaux – nous font croire que nous emmagasinons des souvenirs fixes. En réalité, subjectivité, perception et mémoire font partie d'un même ensemble complexe de mécanismes cérébraux dont on a une vue nécessairement déformée lorsqu'on les étudie séparément.

Traduit de l'anglais par Jacqueline Carnaud

Les auteurs

Mary CARRUTHERS est historienne de la culture médiévale à New York University. Elle a publié *The book of memory,* Cambridge, 1990

Jean-Philippe ANTOINE est écrivain et philosophe, maître de conférences à l'Université Jean-Moulin Lyon 3. Il a publié notamment *La chair de l'oiseau. Vie imaginaire de Paolo Uccello,* Gallimard 1991 et *Gerhard Richter* (co-auteur avec Gertrud Koch et Luc Lang) Dis voir, Paris, 1995 (à paraître : *Peindre le nom du souvenir, Mémoire et invention spatiale entre XIIe et XVe siècle,* Flammarion/EHESS)

Christian JACOB est historien, spécialiste de la cartographie ancienne. Il a publié notamment *Géographie et ethnographie en Grèce ancienne,* Armand Colin 1991 et *L'empire des cartes : approche théorique de la cartographie à travers l'histoire,* Albin Michel, 1992.

Israël ROSENFIELD est mathématicien, médecin et philosophe. Il enseigne l'histoire des idées à la City University of New York. Il a publié notamment *L'invention de la mémoire,* Flammarion, 1994 et *Une anatomie de la conscience : l'étrange, le familier et l'oublié,* Flammarion, 1996.

Pierre FÉDIDA est psychanalyste. Il est professeur à l'Université Paris VII où il dirige le laboratoire de psychopathologie fondamentale. Il a publié notamment *L'absence,* Gallimard, 1978 et *Le site de l'étranger,* PUF, 1995.

Sommaire des précédents numéros

Numéro 1 (novembre 1994)
sur la lecture • Pierre Péju, *La maladie de la lecture* • Elisabetta Rasy, *Que lisons-nous quand nous lisons ?* • Jacques Hassoun, *Lire-Écrire... sans compter* • Jacqueline Rousseau-Dujardin, *Sur la lecture* • Florence Delay, *La conversion par la lecture* • Jean-Christophe Bailly, *La tâche du lecteur* • Pierre Lévy, *Vers la «surlangue»* • Mustapha Cherif, *«Lecture du Coran»* • David Banon, *La lecture juive* • François Genuyt, *La lecture chrétienne de la Bible*
semaine européenne de poésie• David Constantine, *Fondements pour la poésie* • Luciano Erba, Bernard Simeone, *Dialogue* • José Angel Valente, *Quatre points de référence...* • Nuno Judice, *Qu'est-ce que le langage poétique ?* • Jean-Marie Gleize, *Bords de fleuve* • Jean-Michel Maulpoix, *De l'illusion lyrique* • Roger Lewinter, *Deux rapports sur un travail en cours* • Patrick Javault, *Identifications (sur Florian Kleinefenn)*

Numéro 2 (mai 1995)
le témoignage, éthique, esthétique et pragmatique (I) • Odile Marcel, *Sida et Témoignage* • René de Ceccatty, *Mots écrits, mots prononcés, mots permis, mots bannis* • Hugo Marsan, *Sida et fiction* • Arlette Farge, *L'historien et la parole d'autrui, archives du xviiie siècle* • Maurice Olender, *Sur la perte de cet unique témoin adamique* • Luc Boltanski, *La présence des absents*
autour d'*hamlet* • Francis Guinle, Hamlet *et quelques conventions du théâtre élisabethain* • Jean-Marie Maguin, *Hamlet, Ange et démon...*• Daniel Loayza, *Notes sur* Hamlet • Michel Bataillon, Gérard Desarthe et Ion Omesco, *Entretien* • François Maguin, Hamlet *en français, bibliographie*
de la création à la recréation, le temps de la reprise • Christine Hamon, *La reprise au théâtre* • Christine Hamon, Michel Raskine et Marief Guittier, *Entretien à propos de* Max Gericke • Antoine de Baecque, *Un récit appris par corps* • Jean-Claude Gallotta, *Les survivants*
***dédale* de hugues dufourt** • Hugues Dufourt, Odile Marcel, *Entretien* • Jean-Philippe Antoine, *Portraits déplacés (sur Peter Dawes McClennan)*

Numéro 3 (novembre 1995)
le témoignage : éthique, esthétique et pragmatique (ii) • Jochen Gerz, *Témoin et acteur* • Francis Marmande, *La chronique à l'épreuve du temps* • Michel Schneider, *Témoignage et paternité :* Billy Budd *de Melville* • Michael Riffaterre, *Le témoignage en littérature*
témoignage et fiction (i) • *Qu'est-ce qu'un témoignage ?* • Serge Gaubert, *La preuve par l'art* • Bruno Gelas, *Le témoignage et la fiction* • Pierre de Gaulmyn, *Le témoignage, du judiciaire au littéraire* • Claude Burgelin, *Le temps du témoin* • *Témoignage et autobiographie* • Pierre Pachet, *En faveur du témoignage* • Georges-Arthur Goldschmidt, *L'étonnement d'être* • Vaclav Jamek, *De la fraternité du témoin* • Geneviève Mouillaud-Fraisse, *Claude Simon : le témoignage de survivant*
foucault : autour des *dits et écrits* • Arlette Farge, *Quelques outils pour réfléchir sur l'histoire de la violence* • Pierre Michon, Arlette Farge, *Entretien* • Jacques Neefs, *Michel Foucault et l'espace littéraire* • Antoine de Gaudemar, *Foucault en intervention* • Roger Chartier, *Généalogie et architecture de l'œuvre : Foucault lecteur de Foucault*

Numéro spécial 1995

Images de la maladie 1790-1990 • Jean-Claude Beaune, *Ouverture : Savoir être malade* • Odile Marcel, *Objectivation et souffrance : les images de la maladie dans le mouvement de la civilisation en Europe* • Jean-Philippe Antoine, *Joseph Beuys : montrer ses blessures ou panser ses limites* • David Le Breton, *Le retournement du corps : une anthropologie de la figuration anatomique* • Alain Roger, *L'art et la maladie – Humanisme et survie* • Antoine de Baecque, *D'entre les morts : Les cadavres vivants du jeune cinéma américain* • Larys Frogier, *Résister en corps dans la crise du sida* • Patrice Bourdelais, *Entre combat politique et découvertes médicales : l'iconographie du choléra en France au XIXe siècle* • Marie-Christine Vernay, *Les images de la maladie dans la danse contemporaine* • Jean-Jacques Wunenburger, *Défiguration et transfiguration du corps : Les conditions de la représentation visuelle du mal.*

Numéro 4 (mai 1996)

«Témoignage et fiction » (II) • *Expériences sociales du témoignage.* • Martin Winckler, *Témoin à gages* précédé de *Afflictionnaire médical* • Anne Roche, *Passage du témoin* • Jean-François Chiantaretto, *Autobiographie et témoignage : l'écriture de sa cure* • *Risques et limites du témoignage.* • Olivier Chazaud, *Le témoin et son double* • Marie-Claude Schapira, *Jorge Semprun, L'Ecriture ou la Vie (Le témoignage interdit : parler sans dire)* • Claude Mouchard, *Têtes chercheuses*
semaine européenne du roman • «De l'invention romanesque et démocratique» • Francesco Biamonti, Bernard Simeone, *Des cris, mais sous forme de rêves* • Adam Thorpe, *Sur le mal du pays* • Pavel Huelle, *Ecrire après Beckett* • Gert Jonke, *Pays du roman, roman du pays ou comment j'ai pris possession de mon pays dans le roman* • Hugo Loetscher, *Raconter comment je raconte ou changer la perspective* • Ulrich Woelk, *Peut-il y avoir une littérature européenne ?* • Viktor Pelevine, *Littérature comme pseudo-événement* • Bernardo Atxaga, *Littérature et démocratie* • Lidia Jorge, *Roman et altérité.*

Numéro 5 (novembre 1996)

récits d'espace • Georges-Arthur Goldschmidt, *Les surprises de l'espace* • Henri Gaudin, *Embrasure* • Jean-Christophe Bailly, *La pierre que la Russie a jetée en moi* • Claude Burgelin, *L'autobiographie : une conquête spatiale* • Jacques Rancière, *Espaces politiques, espaces fictionnels* • Predrag Matvejevitch, *Espaces adriatiques* • Jacques Réda, *Des rencontres mémorables...*
colloque pasolini : a propos de *PÉTROLE* • Hervé Joubert-Laucencin, *Cuisine de sorcières :* Pétrole *et cinéma* • Catherine Lépront, *Récit en création – achevé et inachevé. Récits de la création* • Jacqueline Risset, *Proust, Dante et* Pétrole • Jean-Marc Baillieu, Pétrole : *titre, motif, matière* • René de Ceccatty, *Le sexe comme métaphore* • Bernard Chouvier, *De Borges à Pessin.*

Sommaire du prochain numéro

Numéro 6 (automne 1997)

« la voix : de l'intimité à l'espace public » • Florence Dupont, Jean-Pierre Martin, Michel Poizat, Ludovic Janvier, Denis Vasse, Henri Meschonnic, Philippe Beaussant, Jean-François Lae, Arlette Farge
« le sujet aux prises avec l'histoire » • Georges Bensoussan, Claude Burgelin, Olivier Douville, Jacques Hassoun, Leslie Kaplan, Geneviève Mouillaud-Fraisse, Habib Tengour, Françoise Vergès

BULLETIN D'ABONNEMENT

Je désire souscrire un abonnement d'un an aux Cahiers de la Villa Gillet (soit deux numéros semestriels + un numéro spécial), à partir du numéro ....
Prix de l'abonnement 1996 – FRANCO DE PORT:
France 300 F
Etranger 360 F
(Prix de vente au numéro : 100 F en 1996 – 110 F en 1997 + frais de port)

Les adhérents de l'Association des Amis de la Villa Gillet peuvent bénéficier d'un tarif réduit sur les abonnements (indiquer le numéro de carte d'adhérent) :
France 250 F
Etranger 310 F

VENTES AU NUMÉRO

N° 1	Novembre 1994	80 F	La lecture. Semaine européenne de poésie
N° 2	Avril 1995	100 F	Le témoignage (1). Hamlet. La reprise au théâtre. Autour de *Dédale*
N° spéc.	Octobre 1995	100 F	Images de la maladie : 1790-1990
N° 3	Novembre 1995	100 F	Le témoignage (2). Autour des *Dits et Écrits* de Foucault. Témoignage et fiction (1)
N° 4	Mai 1996	100 F	Témoignage et fiction (2) – Semaine européenne du roman
N° 5	Novembre 1996	100 F	Récits d'espace • Au sujet de *Pétrole* de Pasolini
N° spéc.	1996	100 F	Colloque «Lieux ou espace de la mémoire ?»

Je désire commander

.... exemplaire(s) du N° 1	soit	................F
..............exemplaire(s) du N° 2	soit	................F
..............exemplaire(s) du N° 3	soit	................F
..............exemplaire(s) du N° 4	soit	................F
..............exemplaire(s) du N° 5	soit	................F
..............exemplaire(s) du N° spécial 1995	soit	................F
..............exemplaire(s) du N° spécial 1996	soit	................F

frais de port : 22 F pour un numéro + 10 F par numéro supplémentaire
(envois par avion : nous consulter)

soit ....F

TOTAL DE LA COMMANDE : ....F

Mon règlement est fait, **à l'ordre de la VILLA GILLET** par chèque bancaire ou postal.

NOM et Prénom : ....
Adresse ....
Code postal ....Ville..

Date et signature :